NEALE

QUAND TOUT CHANGE, CHANGEZ TOUT

Guérir et évoluer
lorsque
tout semble perdu

ARIANE

Titre original anglais:
When Everyting Changes, Change Everything
In a Time of Turmoil, a Pathway to Peace

Publié par : EmNin Books
PMM 1144, 1257 Siskiyou Blvd. Ashland, OR 97520

1209, av. Bernard O., bureau 110, Outremont, Qc,
Canada H2V 1V7
Téléphone : 514-276-2949, télécopieur : 514-276-4121
Courrier électronique : info@ariane.qc.ca
Site internet : www.ariane.qc.ca

Traduction : Marie-Blanche Daigneault
Révision linguistique : Monique Riendeau, Michelle Bachand
Page couverture : Carl Lemyre
Mise en page : Patricia S. Soumahoro
Première impression : janvier 2011

ISBN : 978-2-89626-088-1
Dépôt légal : premier trimetre 2011
Bibliothèque et Archives nationales du Québec
Bibliothèque et Archives nationales du Canada
Bibliothèque nationale de Paris

Diffusion
Québec : ADA Diffusion — 450-929-0296
www.ada-inc.com
France et Belgique : D. G Diffusion — 05.61.000.999
www.dgdiffusion.com
Suisse : Transat — 23.42.77.40

Gouvernement du Québec — programme de crédit d'impôt
Pour l'édition de livres — Gestion SODEC
Imprimé au Canada

TABLE DES MATIÈRES

DÉDICACE

S'il est plus ou moins de rigueur de dédier un livre publié à un partenaire de vie, il est peut-être plus inusité qu'un auteur rende hommage à chacune de ses partenaires. Je me dois de le faire, pourtant, car chacune des dames avec qui j'ai eu le privilège de parcourir un bout de chemin a énormément contribué à ma conscience, à ma compréhension et à ma croissance. Si je dois demander pardon pour les erreurs commises à leur égard, je leur offre néanmoins mes remerciements les plus sincères. Vous savez toutes qui vous êtes, et je proclamerais tout haut vos noms si cela ne constituait une brèche dans votre vie privée. Merci ! Pour tout ce que vous m'avez apporté et pour les souffrances que vous avez endurées tandis que je tentais si fort de grandir.

Et maintenant, un merci encore plus sincère à cette femme extraordinaire qui m'accorde le privilège de sa présence à mes côtés... Ma femme et ma compagne spirituelle au cours de cette dernière étape de mon parcours.

Ma Bien-aimée, mon Autre, impossible de dire combien tu m'émerveilles, la joie que tu apportes à tant d'instants, le pouvoir bienfaisant de ton toucher, la douceur de ton être, l'éclat de ton esprit, la générosité de ton cœur et, surtout, la profonde sagesse de ton âme. En partageant cette alliance intime et tendre avec toi jour après jour, je prends conscience de l'incroyable bénédiction qui est mienne.

Je te dédie ce livre
Em Claire,
car c'est toi qui a
TOUT CHANGÉ.

PROLOGUE

ASSEYEZ-VOUS.

Vraiment, je vous en prie.

Asseyez-vous.

Il y a de fortes chances que vous lisiez ces premiers mots debout (dans une librairie quelque part ou chez un ami), que vous parcouriez ces lignes pour évaluer si vous avez envie d'en savoir plus.

Si tel est le cas, je vous en prie, asseyez-vous. Vous ne devez pas lire les quelques premiers paragraphes, puis passer à autre chose. Vous sentirez peut-être le besoin d'investir du temps dans les propos de ce livre. « Dérobez » donc un maximum d'instants à passer en compagnie de ce dernier avant de vous résoudre à l'acheter, car je veux que vous sachiez ce qui vous attend.

Ce bouquin ne se contente pas d'être un livre. Il se veut une conversation au fil de laquelle nous procéderons à une investigation fabuleuse du fonctionnement des aspects mentaux et spirituels de notre existence, investigation débouchant sur une surprenante découverte des moyens de transformer notre expérience intrinsèque du changement — notre expérience de la vie, bien sûr.

Le dialogue que nous nous apprêtons à entamer représente ainsi un chemin où l'aide s'offre à vous et conduit à la sérénité si, en ce moment, vous luttez contre le changement. Je vous ai incité à vous asseoir, car il est préférable de vous trouver dans une meilleure position pour entendre tout cela et l'assimiler à fond. Ce que je vais partager avec vous ici ne peut être ingéré à la sauvette, par bribes et fragments de texte ici et là. Voici un livre avec lequel mieux vaut s'asseoir.

Je préfèrerais également que vous soyez assis au moment d'entendre la nouvelle. La voici. Assis ou debout, prêt ou pas, la voici : *les changements ne cesseront jamais dans votre vie.*

Si vous songez à essuyer la tempête pendant un moment, à attendre que les choses se tassent un peu, vous devrez peut-être vous orienter autrement, car jamais elles ne se tasseront. Sur cette planète et dans votre univers, le cours des événements connaîtra un tumulte perpétuel pendant un bon moment. En vérité... Eh bien, autant vous le dire... À tout jamais.

Le changement est la nature même de l'existence — impossible de changer ce fait.

Ce que vous pouvez changer, c'est la manière dont vous gérez le changement, et la transformation que celui-ci vous apporte.

Voilà l'objectif de notre ouvrage.

Nous aborderons la manière de gérer tout bouleversement majeur, pas uniquement les changements négligeables. Je parle de changements qui suivent l'effondrement, la calamité et la catastrophe — ou du moins ce que nous désignons ainsi. Si, aujourd'hui, votre existence est anéantie, si vous affrontez l'adversité, si le désastre a fondu sur votre monde, ce que vous découvrirez ici pourrait vous sauver la vie. Émotionnellement, j'entends. Et même physiquement!

Cet ouvrage présente neuf changements susceptibles de tout transformer. Cette liste succincte altérera tout ce qui se manifeste dans votre réalité. Ou peut-être pas. C'est toutefois une liste dont vous souhaiterez du moins prendre connaissance. Vous aurez peut-être envie de découvrir de quoi il s'agit.

J'espère que vous appliquerez ces neuf changements dès que possible. Pas seulement parce que les tumultes que vous vivez (que nous vivons tous) ne cesseront pas, mais également parce que le rythme du changement va s'accélérer.

Il y a quelques années, quelqu'un remarquait que mon arrière-grand-père avait pu mener sa vie entière sans affronter d'événements susceptibles de chambouler sérieusement sa vision du monde, car un très petit nombre seulement d'événements dont il entendait parler modifiaient sa compréhension des choses.

Mon grand-père connaissait déjà une expérience différente. Il aura vécu trente ou quarante ans, pas beaucoup plus, avant qu'une bribe d'information ne lui parvienne et ne mette en cause sa conception du monde. Ce type d'événement déconcertant ou de développement dont il eut vent n'a pas dû se produire à plus de six reprises.

À l'époque de mon père, cette période propice aux changements est passée à quinze ou vingt ans. Voilà environ la période de temps au cours de laquelle mon père pouvait s'accrocher à sa conception du monde, à ses principes et à ce qui vaut à propos de tout. Cependant, tôt ou tard survenait un événement qui ébranlait sa construction mentale dans son ensemble et exigeait qu'il modifie ses idées et ses conceptions.

De mon vivant, cette période s'est réduite à cinq ou huit ans.

Durant la vie de mes enfants, elle passera à environ deux ans — peut-être moins. Et du vivant de leurs enfants, elle se ramènera à seulement trente ou quarante semaines.

Il n'y a rien d'exagéré ici. La tendance est déjà perceptible. Les sociologues affirment que le rythme du changement s'accélère de manière exponentielle. À l'époque de mes arrière-petits-enfants, il ne s'écoulera peut-être que quelques jours entre deux perturbations. Et subséquemment, il ne s'écoulera que quelques heures.

Pour tout dire, nous y sommes déjà — et nous y sommes depuis toujours. Car, dans les faits, rien n'est jamais resté tel quel même pour un instant. Tout est en mouvement, et si le changement se définit comme l'altération des configurations, force nous est de constater qu'il constitue l'ordre naturel des choses. Nous vivons donc dans un tourbillon de séismes depuis les commencements.

Ce qui est différent aujourd'hui, c'est le temps que nous mettons à remarquer que le changement a sans cesse cours. Notre aptitude à transmettre globalement des informations à propos de tout en quelques secondes a modifié notre expérience du changement. La vitesse des communications rattrape la célérité de nos transformations. Ce facteur contribue à l'accélération du changement.

Aujourd'hui, notre langage et nos expressions évoluent de jour en jour, nos coutumes et nos styles s'adaptent aux saisons, nos croyances et nos conceptions, voire nos convictions les plus ancrées, changent non pas avec, mais *au sein* de chaque génération.

Puisque le changement survient si rapidement autour de nous et en nous, un guide ou un manuel d'instructions s'impose à l'intention des humains aux prises avec des réalités extraordinairement fluctuantes. Cet ouvrage se veut dès lors plus qu'un recueil d'anecdotes ou de faits vécus mettant en scène des gens qui ont connu ces situations ou, encore, plus que le survol léger d'un thème méritant une analyse plus poussée. Le texte qui suit offre un regard sur l'expérience d'autres personnes, dont la mienne, car tout cela présente un intérêt certain. Le texte apporte toutefois une explication nécessaire des bases mentales et spirituelles du changement, ainsi que des instructions précises sur l'emploi des outils mentaux et spirituels qui modifieront les transformations qu'exerce sur vous le changement.

Ces neuf changements nous permettent ainsi non pas d'empêcher le changement (j'espère avoir été bien clair à ce propos : c'est chose impossible), ni même de le ralentir, mais plutôt de faire progresser à pas de géant notre approche à celui-ci, notre manière de le gérer et de l'engendrer.

Un dernier mot. Les idées présentées ici s'inspirent d'une sagesse séculaire, de la science contemporaine, de la psychologie de tous les jours, de la métaphysique pratique et de la spiritualité moderne. L'invitation repose donc sur l'apriori que le Divin existe ; elle présuppose que la vie a un sens, que l'être humain est doué d'une âme, que nous possédons un corps sans toutefois être notre corps, et que l'esprit est maîtrisé en tout temps.

S'inscrire en faux contre n'importe laquelle de ces notions prive de fondements les propos contenus ici. En revanche, si ces concepts vous semblent valables, le livre que vous avez entre les mains pourrait fort bien s'avérer le plus précieux, le plus profitable qu'il vous ait été donné de lire depuis fort longtemps.

NEUF CHANGEMENTS QUI CHANGENT TOUT

1. Modifiez votre décision de faire cavalier seul.
2. Modifiez vos émotions.
3. Modifiez vos pensées.
4. Modifiez vos vérités.
5. Modifiez votre conception du changement.
6. Modifiez votre opinion sur les raisons du changement.
7. Modifiez votre idée sur l'avenir.
8. Modifiez votre idée sur la vie.
9. Modifiez votre identité.

NOTE DE L'AUTEUR

Chaque fois que je me penche de près sur la destinée, je constate qu'elle se déroule invariablement sur (au moins) deux plans : le plan humain et la sphère spirituelle. Il serait terriblement erroné de croire que c'est faux et que le second plan a moins d'importance que le premier en ce qui concerne notre expérience au quotidien. Il s'avère qu'il constitue en fait la raison d'être de ce premier plan d'existence.

L'analyse qui suit comportera donc deux volets. Le premier volet abordera les aspects physiques de notre expérience, notamment cet aspect que nous nommons « le changement », tandis que le second volet traitera des aspects métaphysiques. Autrement dit, nous examinerons d'abord le fonctionnement de l'esprit, puis l'opération de l'âme. Il faut impérativement les comprendre tous les deux pour mener une existence vraiment fertile et gratifiante, et pour en tirer le maximum de paix, de joie et d'amour qui nous est dû, sans oublier l'accomplissement de ce que la destinée nous réservait.

En nous rendant maîtres des deux aspects de notre être, nous nous souvenons non seulement de la manière de réfléchir, mais de ce qu'il faut penser. Ainsi, le premier outil de création — la pensée — passe entièrement sous notre mainmise au lieu d'être à sa merci (le cas de la plupart des gens aujourd'hui).

L'esprit m'apparaît clairement comme un instrument, un mécanisme que l'âme alimente en substance. Moins vous utilisez de carburant, moins efficacement votre moteur fonctionnera. En revanche, si votre âme imprègne votre esprit d'une énergie spirituelle, vous serez débordant d'esprit et le fonctionnement de ce moteur sera capable de miracles.

PREMIÈRE PARTIE

La mécanique de l'esprit

La connaître transformera votre expérience du changement.

1

LE LIVRE QUI TOMBE À POINT

Si votre univers est actuellement sujet à un bouleversement majeur, j'en suis désolé.

Je sais à quel point il est rassurant de pouvoir enfin jouir d'une stabilité. Je connais également ce désir de préserver le statu quo. Et je comprends qu'il est perturbant de voir les choses changer ou refuser de rester en place, ou de ne pas parvenir à les préserver ainsi.

Si ces changements touchent des situations ou des conditions liées à votre SÉCURITÉ, c'est alors plus que troublant.

Si vous vous retrouvez soudainement sans gagne-pain, incapable de trouver du boulot, croulant sous les factures, voire menacé de perdre votre résidence, vous vivez davantage que le simple sentiment que « les choses ont changé ». Vous avez l'impression que « tout est perdu ». C'est bien plus que le simple sentiment d'être perturbé ou déconcerté, car la menace est bien concrète.

Même si les tumultes qui vous affligent ne sont pas de l'ordre de la calamité, mais que votre existence est néanmoins bouleversée, vous pouvez tout de même avoir le sentiment d'être menacé. En présence de toute transition majeure, nous avons pour la plupart l'impression que notre style de vie même est en péril ; notamment si l'un des Trois grands est concerné :

LES RELATIONS AMOUREUSES
L'ARGENT
LA SANTÉ

S'il concerne l'un de ces trois éléments, le changement peut s'avérer fort éprouvant. Si deux de ces choses fluctuent, la situation est alors extrêmement difficile. Si les trois aspects sont simultanément perturbés, l'effet est carrément effroyable.

Je le sais.

Je l'ai vécu.

Et j'ai survécu aux trois à la fois.

Quel pressentiment d'un péril imminent…

Je me suis fracturé le cou dans un accident de voiture (santé) et j'ai dû cesser de travailler pendant des mois de réadaptation tandis qu'une compagnie d'assurances cherchait à tout prix à réduire ma compensation ou à éviter de me la verser (argent) ; et tout ce temps, je souffrais de la séparation d'avec ma partenaire et nos enfants parce que notre destinée avait bifurqué (relation amoureuse).

Quel pressentiment d'un péril imminent…

Je me suis retrouvé sans toit pendant un an, à la merci des intempéries, déambulant dans les rues pour mendier quelques sous et ramasser des canettes, des bouteilles de bière, et ce, afin de gagner l'argent pour me nourrir (certains jours, je réussissais très mal) ; mes seules possessions se réduisaient à un sac de couchage, une tente, deux paires de jeans, trois chemises et quelques bric-à-brac.

Je sais ce que c'est de perdre son sentiment de sécurité. D'être le témoin impuissant d'une vie qui s'effondre complètement et totalement en deux semaines.

Oui, je le sais. Croyez-moi.

Et je sais aussi comment gérer tout cela. Bien que je ne m'en sois pas si bien tiré à l'époque, j'ai appris depuis, et ce livre traite de cet apprentissage.

Nous aborderons quelques éléments tirés de sources faisant autorité quant à la manière de vivre le changement, car, en définitive, c'est bien de cela qu'il s'agit. Nous avons l'impression d'affronter l'effondrement, la tragédie, la catastrophe… Mais il ne s'agit là que des effets extérieurs d'une cause unique : le changement. Quelque chose n'est plus comme avant. Quelque chose s'est modifié. Irrévocablement, radicalement, fondamentalement et absolument.

Une dame vivant une période très houleuse m'a envoyé un courriel aujourd'hui. Sachant que j'écris ce livre, elle déclare : « Je n'aurais pas d'emblée identifié ce que je vis présentement comme "changement". Quand vous vous trouvez au cœur de la situation, que tout s'effondre autour de vous, impossible d'en préciser la nature ou de l'appeler "changement". Vous êtes plutôt enclin à songer que c'est "la fin"... Tout ce que vous avez connu disparaît, et il n'y a rien après. Si, avant d'avoir vent de votre livre, vous m'aviez demandé si je vivais un changement, ce n'est pas ainsi que je l'aurais défini. J'ignore comment je l'aurais nommé ; j'aurais sans doute simplement constaté que ma vie était en ruine, finie. »

Cette dame, prénommée Leah, qui m'a autorisé à la citer ici, ajouta quelque chose de très perspicace.

« Le changement est redoutable, mais il s'agit d'une impression autre que celle de la fin de votre monde. J'ai cherché le mot dans le dictionnaire. Le changement est défini comme un événement nouveau qui vient. Voilà un point de vue qui diverge de celui qu'entretiennent certaines personnes (affligées par l'épreuve) ; il serait utile de leur faire voir que ce qui leur arrive est un CHANGEMENT, de comprendre sa définition. »

Très bien, Leah. C'est excellent. J'ai donc mis au panier mon premier chapitre et entrepris cette version. Leah avait raison. Il me faut donc définir le changement tel que je l'entends :

Le changement est la variation ou la modification de toute circonstance, situation ou condition, matérielle ou immatérielle, de telle sorte que les éléments d'origine sont alors non seulement différents de ce qu'ils étaient, mais bien méconnaissables, et qu'ils ne peuvent retrouver leur état antérieur.

Autrement dit, nous parlons d'une révolution. Il n'est pas question ici de changer de vêtements, de varier le menu du déjeuner ou la programmation télé pour la soirée. Il s'agit d'événements capables de renverser la destinée — de faire mal, de causer du tort, de fracasser nos rêves, d'anéantir nos projets et de chambouler notre avenir. Et nous parlons de les guérir grâce à des conditions douées d'une même capacité à métamorphoser la vie. Nous affirmons que lorsque tout change, parfois il vaut mieux tout changer ; toutes les circonstances des sphères matérielle et immatérielle, c'est-à-dire vos émotions, vos pensées, vos vérités, et même vos souvenirs.

Il s'agit ici d'une refonte intégrale, de a à z, d'un bout à l'autre. Après tout, votre vie ayant de toute manière été virée sens dessus dessous, pourquoi ne pas aller jusqu'au bout et lui donner la couleur que vous souhaitez lui donner en lieu et place de celle que vous êtes contraint, semble-t-il, d'accepter ?

En entreprenant cette aventure, sachez que je comprends, du moins un peu, ce que vous vivez, que ces paroles ne sont pas celles de quelqu'un qui ignore tout de votre expérience — d'un « gourou bricoleur » livrant un sermon au sommet de sa montagne dans l'ignorance la plus absolue de vos circonstances actuelles. Même s'il ne se passe rien d'autre dans votre vie, j'ai espoir que d'avoir déniché ce bouquin s'avérera bénéfique. Un petit bonheur aujourd'hui.

Commençons donc par cela. C'est un excellent point de départ. Côte à côte, vous et moi, nous allons reconstruire votre vie sous une forme nouvelle et encore meilleure. Oserais-je faire une telle promesse ? Eh bien, je vous propose simplement de « tenter le coup ». Voyons ce que nous pourrons accomplir. Vous n'avez rien à perdre, pas vrai ? Tentons donc notre chance. Efforçons-nous de faire de votre acquisition de ce bouquin un heureux choix et, en outre, le choix le plus opportun de toute votre existence !

Qu'en dites-vous ? Vous y consentez ? Vous voulez essayer ?

Si vous êtes exténué, trop abattu, trop épuisé par le combat pour même essayer, contentez-vous de tenter d'essayer…

Si vous vous efforcez de tenter le coup, je crois que nous avons des chances de réussir. Et je vous promets que vous n'aurez pas à aller plus vite que vous ne le souhaitez ni au-delà de votre zone de confort.

Ce livre est parsemé de répits, d'espaces où souffler, afin que vous puissiez faire une pause quand vous le désirez. Il n'y a rien de pire qu'un livre affirmant que le bien-être est à portée de la main, alors que votre expérience se situe à l'opposé. Je déteste ce genre d'ouvrages. Vraiment.

Des livres du genre… *Abracadabra !…*

C'est ça, lançons quelques bravos et tout ira mieux à coup sûr, se dit la personne. Et elle se sent encore plus mal, parce qu'elle n'y parvient pas – même si l'auteur du livre en question affirme que c'est tout simple…

Voyons voir si nous nous entendons sur un point ici. *Ce n'est pas facile.* Du moins, pas sans les outils. Et qui les détient ces outils? À quelle école donne-t-on le cours « Calamité 101 » ? Où donc se donnait le cours « Éléments du changement dans la vie moderne » ? Assumer un changement décisif est éprouvant pour la plupart d'entre nous.

Et pourtant, cela peut ne pas l'être. On peut encaisser le changement, essuyer une catastrophe et s'en sortir indemne. Voire se porter à merveille. Je sais que cela paraît contraire à l'intuition, mais c'est vrai.

Voilà tout ce que je souhaitais partager avec vous lors de ces premiers instants passés ensemble. Je désirais simplement vous fournir une raison de poursuivre. Et pas seulement la lecture de ce livre. Vous savez ce que je veux dire.

D'accord. Cela suffit comme sujet de réflexion pour l'instant. Vous pouvez poursuivre votre lecture si vous le désirez; libre à vous. Toutefois, voilà le passage idéal où vous arrêter, mettre de côté ce livre et faire une pause.

Comme je le mentionnais, j'ai inséré une foule de points d'arrêt dans ce bouquin. Une quantité « d'aires de repos » où souffler, où vous retrouver et apprécier les notions que nous analysons. À la fin de chaque chapitre, et ici et là dans le texte, vous retrouverez donc ces espaces où reprendre votre souffle. (Je déteste cette impression d'être contraint d'achever un chapitre sous peine d'avoir le sentiment d'être un lâcheur ou un dégonflé incapable de terminer le chapitre, encore moins le livre.)

Je serais très heureux que vous vous arrêtiez ici et là au cours d'un chapitre. Pour moi, cela signifierait que vous ressentez l'impact de mes paroles et que vous souhaitez marquer une pause pour réfléchir un peu à tout cela. Formidable. Sensationnel.

Sentez-vous donc libre d'interrompre ici votre lecture pour méditer mes propos. Comme je l'ai dit plus haut, vous pouvez subir le changement, vous tenir au cœur de celui-ci et vous en sortir indemne. Et même, vous porter à merveille.

Voilà une idée intéressante à cogiter. Vous pourrez y revenir plus tard, au moment qui vous conviendra. Ou pas. Vous pouvez tout aussi bien jeter ce livre à la poubelle. Il n'en tient qu'à vous.

Voilà le second heureux événement de votre journée : vous retrouvez le pouvoir sur votre destinée.

La décision est anodine — poursuivre votre lecture ou pas —, mais c'est tout de même un point de départ. Ainsi, vous commencez à reconstruire.

Interrompez donc la lecture maintenant, si vous le voulez bien, et accordez-vous un espace où respirer. Inspirez ce que vous venez de lire, puis voyez si vous souhaitez poursuivre ou méditer ces propos et me retrouver plus tard... Ou peut-être pas. Si vous êtes prêt à continuer, passez à...

CE QUE VOUS ET MOI FAISONS ICI

Si vous êtes en possession de ce livre, je présume que c'est parce que le sol se dérobe sous vos pieds. Quelque chose change dans votre vie — ou a déjà changé —, et l'événement est lourd de conséquences pour vous. Il a peut-être même trait à votre sécurité, à votre confiance. Et vous ne commencez qu'à affronter les émotions qu'il éveille en vous. Ou alors, vous faites face à ces émotions depuis un moment déjà sans pouvoir passer à autre chose.

Voilà la raison qui vous a conduit à ce livre, ou alors vous l'avez acheté à l'intention de quelqu'un — un ami, un parent, un client, un membre de votre congrégation... En l'occurrence, hâtez-vous de le terminer et remettez-le à cette personne sur-le-champ !

Maintenant que nous avons déterminé la raison de votre présence ici, permettez-moi de vous dire ce que moi, je fais ici. Je suis ici parce que je me suis trouvé dans votre position et je désire partager avec vous ce que j'ai vécu.

Ma présence s'explique également du fait que j'ai été témoin d'événements étranges dans notre monde, des événements dont vous êtes aussi témoin, et que je constate que tout change partout à une vitesse telle que nous ne parvenons pas à tenir le rythme. Je suis ici parce que je sais qu'à moins de découvrir comment gérer cette accélération du changement — collectivement et individuellement —, nous risquons de nous retrouver dans une situation passablement difficile. Je tiens donc à vous lancer une invitation. Une invitation en neuf volets à transformer à tout jamais votre expérience du changement. Je suis ici afin de vous inciter à « modifier le changement ».

Tels sont donc les motifs de ma présence ici. Discutons de ce que nous pouvons cocréer ensemble. J'en débattais avec ma femme, Em, et ses paroles me frappèrent. Elle déclara : « Je ne conçois pas cet ouvrage comme un livre en soi. Je le perçois comme un engagement. J'imagine que le lecteur le percevra comme un engagement à adopter une nouvelle approche de la vie et du vécu à chaque instant. Un peu comme d'entreprendre l'étude d'un art martial, sachant que cet art modifiera votre façon de vous mouvoir jusqu'à la fin de vos jours, ou d'apprendre une langue étrangère jusqu'à ce que vous la connaissiez si parfaitement qu'elle devienne votre manière naturelle de vous exprimer. Ce sont là des entreprises de toute une vie qui transfigureront votre être même.

« Nous vivons dans une société réclamant une gratification immédiate, où tout doit être livré en quinze minutes. Mais ici, il n'est pas question de porridge instantané. Certaines prises de conscience fondamentales, décisives nous ont été accordées au fil des âges ; il n'est pas possible de les présenter dans des opuscules.

« Il s'agit d'une restructuration intégrale de votre être pour accéder de nouveau à tout ce qui a trait à la vie, pour vous sentir encore vivant au sein de l'existence — un état que certains d'entre nous n'ont pas connu depuis l'âge de quatre ans, sinon jamais.

« En couverture, le livre porte le titre Quand tout change, changez tout. J'espère donc que les lecteurs éteindront leur cellulaire, qu'ils s'installeront avec ce bouquin et qu'après leur lecture ils consacreront au moins une demi-heure à la mise en pratique de son contenu. »

Je n'aurais pu mieux l'exprimer. Je le lui dis.

« Eh bien, rien n'importe davantage que notre façon de vivre l'existence, mon chéri », ajouta-t-elle en souriant. « Qu'existe-t-il d'autre ? » Puis elle rejeta sa chevelure brune de côté, un geste qui fit palpiter mon cœur, et je vis son visage s'adoucir. « Rien n'est plus sacré pour toi que la manière dont tu te vis en tant qu'expression de la vie. Qu'existe-t-il d'autre ? »

J'étais à nouveau d'accord avec elle. Je vous invite donc à examiner comment vous vivez et exprimez la vie, puis à vous poser cette question merveilleuse que le Dr Phil a introduite dans le vocabulaire : Cela a-t-il fonctionné pour moi ?

Si ça fonctionne plus ou moins bien, peut-être êtes-vous venu à ce message juste à temps. Votre âme vous a conduit à ce bouquin afin que, pour reprendre les paroles d'Em, vous puissiez accéder de nouveau à l'ensemble de l'existence.

(Et vous savez quoi ? Je crois que c'est exactement ce qui s'est produit.)

Maintenant, je vais entamer une conversation d'une manière différente de celle d'autres ouvrages. Je ne cherche pas à vous balancer des vérités, je souhaite plutôt m'entretenir *avec* vous.

Je vous aperçois devant moi et je m'imagine en train de discuter tranquillement avec vous, vous soutenant comme un ami, vous accompagnant au fil des événements que vous traversez actuellement et vous offrant quelques suggestions affectueuses.

Je sais, je sais... Ce n'est qu'un livre, mais il sera bien plus, si vous y consentez. Précisément parce que j'ai vécu essentiellement ce que vous vivez maintenant, nous pouvons accomplir ensemble davantage que ce que fournissent la plupart des livres — un apport d'information. Nous pouvons atteindre quelque chose que peu de livres procurent : une expérience directe, vivante, actuelle.

Je vous invite donc à supprimer la distance temporelle et spatiale qui nous sépare. Voici ce qu'il y a de remarquable à ce propos. Il n'y a nul besoin que je sois vivant pour y parvenir. Vous si, il va sans dire, mais pas moi. Vous ne pouvez lire ce livre dans l'au-delà, mais vous pourriez le lire plusieurs années après mon propre trépas et nous nous relierions tout de même sur le plan de l'Essence, grâce à notre humanité partagée.

Remarquable, quand on y songe, n'est-ce pas ? Je suis ici à rédiger ces lignes en ce moment même... Et vous êtes quelque part, à les lire, en ce moment. Nos présents n'ont pas à coïncider pour que concordent nos expériences. Ainsi, nos esprits se rencontrent par-delà le temps.

Peu importe donc que je sois en vie lorsque vous parcourrez ces lignes ou que j'aie déjà célébré le jour de ma Transition, j'aimerais cocréer avec vous une expérience interactive qui changera le cours de votre destinée.

Par expérience, je suis en mesure de vous assurer que ce qui compte pour vous, à l'heure actuelle, c'est de consentir à ne pas rester seul. J'ai vécu cette solitude et je vous souhaite de n'avoir jamais à l'éprouver. Jamais. Ce livre constitue donc le moyen par lequel je vous accompagne. C'est notre dialogue.

Ne prétendez pas que la nostalgie
n'a pas aussi vécu en vous,
oscillant tel un pendule.
Vous vous êtes égaré,
on vous a cambriolé comme un criminel
le cœur dans les ténèbres.
Pourtant, la vie est lasse,
insondable ami,
de suivre son cours
sans vous.
Comme la main d'une mère
qui aurait perdu son enfant.
Et si vous me ressemblez même vaguement,
vous avez eu peur.
Et si vous me ressemblez même un peu,
vous avez découvert votre courage.
Il y a de la place sur ce bateau :
choisissez un siège,
emparez-vous d'une pagaie, et nous tous,
nous tous,
ramerons pour que revienne notre cœur
à la maison.

– « The Longing » © 2005 Em Claire

2

LE PREMIER CHANGEMENT

Bon. Supposons que j'aie deviné correctement les motifs qui vous incitent à lire ce livre. Si c'est le cas, vous serez heureux d'apprendre qu'il y a moyen de renverser la situation et de vivre tel que vous l'avez toujours imaginé. Il existe plusieurs méthodes, à dire vrai, pas seulement une. Plusieurs sentiers mènent au sommet de la montagne ; je m'efforce de ne pas avoir l'air du type qui détient LA réponse.

J'ai toutefois UNE réponse et je sais que c'en est bien une, car elle a fonctionné pour moi — et je vous ai déjà décrit mon expérience. Je suis donc ici pour vous faire savoir que le moyen de renverser la situation est d'appliquer neuf changements qui transformeront tout.

Le texte qui suit comporte une description précise de ces changements, à votre intention. Ces neuf changements vous permettront de gérer la calamité, les altérations tumultueuses de votre réalité, l'effondrement de votre statu quo.

Si vous choisissez d'adopter les neuf changements que je propose, vous serez à mon avis en mesure d'effectuer encore plus de changements dans votre approche de la vie. Plus précisément, vous serez capable de transformer la peur en enthousiasme, l'inquiétude en émerveillement, l'attente en anticipation, l'opposition en acceptation, la déception en détachement, la rage en engagement, la dépendance en propension, l'exigence en contentement, le jugement en observation, la tristesse en joie, la pensée en présence, la réaction en réponse, et une époque de tourmente en un temps de paix.

Tout cela vous paraît trop beau pour être vrai, j'en suis sûr. Mais c'est pourtant exact et parfaitement possible pour vous, dès aujourd'hui.

Et là, j'ai vraiment l'air d'un de ces types qui lancent la formule magique *Abracadabra !...*

Permettez-moi de le répéter : affronter le changement n'est pas facile. Du moins, pas sans les stratégies. Mais elles existent, voilà la bonne nouvelle. Il y a un chemin menant hors de la tempête. Il y a de la lumière au bout du tunnel. La vitesse à laquelle vous allez vous en sortir et vous surmonterez les événements actuels dépendra du chemin que vous emprunterez — et en compagnie de qui.

Ce qui nous ramène à mon premier point — le premier changement. L'expérience m'a démontré qu'il pouvait être très salutaire d'éviter de faire cavalier seul ici ; mieux vaut trouver un soutien pour le parcours. Voilà pourquoi je suis ici avec vous, à vous tenir ces propos. Si vous poursuivez la route en ma compagnie, vous devriez pouvoir vous en tirer. Accordez-vous donc tous les moments de répit nécessaires, à votre guise. Progressez à votre rythme au fil de cette exploration. Peu importe ce que vous faites, ne vous interrompez pas. Ne laissez pas votre esprit se bloquer dans un espace obscur.

D'accord ?

Si vous y consentez, le moment serait opportun pour vous accorder une pause et souffler un peu.

Respirez à fond ce que vous venez de lire, puis voyez si vous souhaitez poursuivre ou si vous préférez méditer pendant un moment et me retrouver un peu plus tard.

Si vous êtes prêt à continuer, passez à...

UNE INVITATION À CESSER D'ESQUIVER

Le premier changement que vous êtes prié d'effectuer consiste à transformer votre manière d'aborder le changement.

La plupart des gens reculent devant le changement. Ils n'apprécient pas, car celui-ci les contraint à pénétrer dans l'inconnu. Ils doivent quitter une situation, ou quelqu'un, et s'aventurer en territoire inexploré. Pour certains, il faudra affronter une grave incertitude, voire une menace à leur survie même. Et plusieurs décideront de faire cavalier seul.

C'est la première chose dont se plaignent les gens qui se sont adressés à moi au fil des ans, attristés des changements qu'ils avaient à vivre.

J'ai travaillé individuellement comme guide spirituel auprès de plus de dix mille personnes et mes conversations avec ce grand nombre de gens au fil de plusieurs années me permettent d'affirmer que les mêmes doléances se répètent *ad infinitum.* Et j'ai avant tout constaté leur solitude — une solitude émotionnelle.

Permettez-moi de revenir à ma correspondante, Leah, qui m'a si gentiment autorisé à me servir de ses messages dans ce livre. Comme je l'ai mentionné, Leah éprouve à l'heure actuelle quelques remous émotionnels. Elle s'est ouverte à ma femme à ce sujet et j'aimerais que vous entendiez ce qu'elle avait à dire.

(Je devrais peut-être d'abord préciser le travail d'Em dans le monde pour que vous compreniez pourquoi Leah s'est adressée à elle. Em est poète et elle se sert de ses mots comme d'un baume sorti de sa trousse médicale. Elle présente sa poésie dans les capitales du monde et exprime ainsi les bouleversements de sa destinée des cinq dernières années — les hauts et les bas, les épreuves et les percées. Après avoir entendu sa poésie, les gens se disent : « Oh, mon Dieu ! je ne suis pas seul. » Ils réalisent qu'elle a vécu la même déconstruction et entendu le même appel à reconstruire son moi sous une forme nouvelle. De ce fait, nombreux sont ceux qui ont visité son site Internet *www.EmClairePoet.com* pour se connecter à elle, profondément touchés et ouverts par son art.)

Voici ce que Leah partagea alors avec Em...

« Lorsque j'ai le sentiment d'avoir perdu tout espoir et d'être complètement désorientée, je me sens très seule. Pourtant, je sais que d'autres personnes sont habitées par la même tristesse sombre. Si les gens sont heureux, ils se rassemblent et partagent cette énergie. Si nous souffrons intensément,

nous nous isolons et ce sentiment d'être seul au cœur de l'obscurité et abandonné par la vie prévaut. Savoir que je ne suis pas seule m'aide énormément et sera peut-être bénéfique pour quelqu'un d'autre. »

L'expérience de Leah n'est pas unique. Son message fait partie d'un chapelet de témoignages accumulés pendant quinze ans qui confirment que devant une perte importante due à des conditions ou des circonstances changeantes, nous réagissons en nous isolant.

Lorsque la terre se met à bouger sous nos pieds, nous nous recroquevillons. J'ai réagi ainsi, pas vous ? J'évite désormais, mais je l'ai fait. Voilà pourquoi je l'identifie instantanément chez l'autre. Même les partenaires en couple, les époux ou les collègues d'affaires de longue date deviennent souvent silencieux, asociaux et s'isolent (parfois même, ils se méprisent).

J'espère donc que vous ferez tout en votre pouvoir pour éviter de traverser seul cette période critique de votre existence. La lecture de ce bouquin est un bon point de départ. Excellent en vérité. Ce n'est toutefois qu'un début.

Livrons-nous donc à l'exploration...

CHANGEMENT NUMÉRO 1 :
Modifiez votre décision de faire cavalier seul.

Il s'agit d'un changement simple qui exige toutefois de nous une attitude à laquelle plusieurs, je dirais plutôt la plupart, ne sont pas accoutumés et avec laquelle nous ne sommes pas à l'aise. Elle requiert de la transparence.

Confrontés à des problèmes majeurs, nous avons tendance à nous isoler. Et avez-vous remarqué que ces problèmes découlent le plus souvent d'un changement parce que nous n'avons jamais consenti à être perçus comme imparfaits ou comme des êtres qui ne sont pas parfaitement équilibrés ?

Dans l'enfance, on nous a également enseigné qu'il faut éviter d'accabler les autres avec nos tracas. Et pour finir, on nous a raconté que nous sommes à blâmer pour presque tout, alors pourquoi embêter les autres avec cela ? On nous l'a clairement signifié : « Comme on fait son lit, on se couche. »

Aucun des préceptes cités ci-dessus n'a de valeur. Les personnes qui nous ont éduqués avaient tort à ce sujet. Complètement tort.

Le besoin d'être « parfait » et « équilibré » exprime une nécessité plus englobante : le besoin d'approbation.

Enfants, la plupart d'entre nous ont appris que pour obtenir l'approbation de leurs parents et de leurs aînés, ils devaient être des petits garçons ou des petites filles sages. À quelques-uns, on a appris qu'un personnage nommé père Noël « dresse une liste, vérifie à deux reprises et sait qui a été vilain, qui a été obéissant ». À d'autres, on a affirmé qu'un Dieu nous aime et veille sur nous, mais qu'il nous jugera aussi pour tout ce que nous aurons fait de « mal » et nous condamnera à la damnation éternelle si cette liste est trop chargée ou qu'elle comporte certains actes.

Nous avons donc amalgamé l'amour et la crainte pour en faire une mixture homogène. Notre crainte de perdre l'amour nous incite à nous apprécier suivant les mêmes conditions imposées à l'amour d'autrui. Se blâmer et se mépriser devient dès lors facile. Nous y excellons à un point tel désormais que nous jouons le rôle des autres même s'ils ne s'y prêtent pas.

Cette œuvre d'autocondamnation, de réprobation de soi, de récrimination personnelle s'effectue en privé, de crainte que les autres ne désapprouvent. Nous dissimulons ainsi nos émotions et parfois même notre moi profond lorsque nous sommes en proie aux ennuis et aux problèmes.

Paradoxalement, ce sont précisément à ces moments que les êtres qui nous aiment souhaitent nous tendre la main. Ne voulez-vous pas appuyer un être cher dans sa souffrance ? C'est tout naturel. Voilà en fait votre première pulsion.

Il faut se persuader qu'il en va de même pour les autres. Les gens espèrent vous secourir. Et ils ne se sentent pas « accablés » pour autant. Bien au contraire. Ils sont inspirés.

Porter secours à quelqu'un valorise et accroît notre estime de soi. La vie prend soudain tout son sens. Nous éprouvons alors le sentiment d'une mission noble.

En y réfléchissant, toute activité n'est qu'un moyen qui permet aux autres d'obtenir ce qu'ils désirent. Chanteur, danseur, peintre, policier, médecin, enseignant, plombier, acteur, pompier, effeuilleuse, prêtre, joueur de baseball, photographe, agent de bord, serveuse, président du conseil… chacun ne fait que permettre à quelqu'un d'autre de combler ses désirs !

Voilà tout ce que nous accomplissons ici-bas. Rien d'autre. Nous courons dans tous les sens, cherchant quelqu'un à secourir. Si vous en prenez conscience, il deviendra plus naturel pour vous d'accepter un coup de main de la part d'un professionnel ou d'un proche lorsque vous en aurez particulièrement besoin. Pourquoi mettre des bâtons dans les roues de personnes qui souhaitent vous apporter des secours lorsque c'est précisément ce qu'il vous faut et ce que les autres cherchent à offrir ?

Oubliez donc l'idée « qu'il ne faut pas accabler autrui ».

D'accord ? Compris ? Oubliez cela.

Je vous convie donc ici à prendre l'engagement de vous ouvrir à quelqu'un et de lui confier les sentiments que vous éprouvez quant aux changements qui surviennent dans votre vie. Avouez-lui que vous lisez ce livre si vous le souhaitez. Vous pouvez même l'inviter à le lire aussi.

Peu importe avec qui vous vous connectez, allez-y. Connectez-vous à un proche. À un parent. À un psychologue. À un rabbin, un anulama, un prêtre ou un ministre. Connectez-vous à un membre du « Réseau pour changer le changement ». Établissez un contact. Car lorsque vous nouez un lien avec autrui, vous vous reliez à vous-même.

Je viens de faire une déclaration importante ; mieux vaut que vous ne passiez pas par-dessus. Je la répète donc…

Lorsque vous vous alliez à quelqu'un, vous vous connectez à vous-même.

Bavarder avec quelqu'un, communiquer avec un esprit autre vous met en contact avec l'aspect du Soi plus vaste que votre esprit, que vos pensées, car cette alliance vous sort de votre dialogue intérieur pour vous placer dans une conversation extérieure. Grâce à cette concertation extérieure, l'autre apporte une énergie fraîche. Il fournit une perspective différente. Il aborde le sujet avec une pensée lucide, exempte du jugement qui filtre tout ce que vous envisagez. Il vous perçoit tel que vous êtes, attestant le paradoxe selon lequel il faut parfois sortir de soi-même pour entrer en soi. Il faut parfois cesser de s'observer pour se voir.

Pour éveiller l'amour envers vous, commencez par :
porter votre main à vos lèvres
puis
posez-la sur la douceur de votre joue,
sur la rondeur de votre épaule,
là *où le musc léger de vos rêves perpétuels*
et les labeurs de votre vie
vous parfument.
C'est un début.
C'est un commencement.
Les plaies de votre cœur ont fait surface désormais.

– « To Love Yourself » © *2006 Em Claire*

3

IL ÉTAIT UNE FOIS

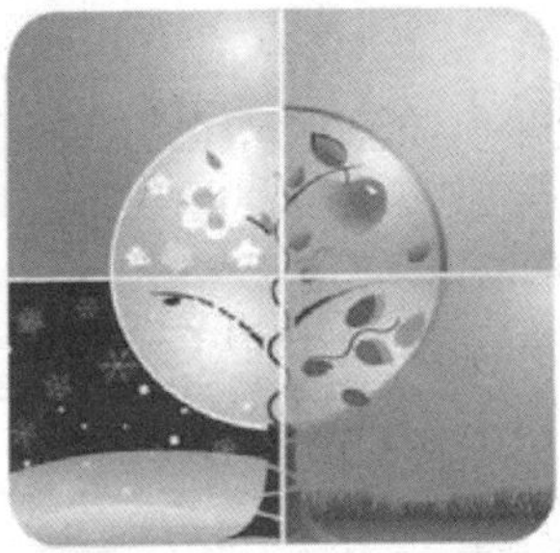

Outre le dialogue, le fait de plonger profondément en vous pour renouer l'amitié avec votre âme s'avérera très salutaire. L'exercice diffère de tout procédé auquel vous vous êtes livré récemment. Il s'agit ici d'un engagement envers votre âme, pas envers votre mental.

Lorsque les gens se retrouvent soudainement au cœur de bouleversements qui entraînent des répercussions à long terme, ils se dissocient généralement de leur âme en se réfugiant dans un scénario. Ce scénario ne s'élève pas de leur âme, uniquement de leur mental.

Ils ont d'abord l'impression que l'introspection profonde engendrerait la clarté — avec raison. Mon adage préféré est : *si vous ne vous tournez pas vers l'intérieur, vous êtes à l'extérieur*. Malgré tout, « se tourner vers l'intérieur » et « se réfugier à fond dans son histoire » sont deux stratégies différentes.

Un scénario, c'est une fable que vous vous racontez à votre sujet. Elle commence ainsi : « Il était une fois... » Et elle décrit tout ce qui vous est arrivé, de quelle manière, et pourquoi. Il s'agit d'un discours intérieur, d'un sommaire des conclusions auxquelles vous êtes parvenu sur vous-même — conclusions rarement fondées sur la vérité et qui comportent presque invariablement les jugements les plus critiques à votre égard.

Vous réfugier dans ce désordre de la pensée sera rarement source de clarté. J'affirmerais même que ce n'est jamais une source de clarté, parce que votre interprétation n'a aucune réalité. Elle n'existe que dans votre mental. Elle peut vous paraître tout à fait valide, mais elle ne correspond pas à la réalité.

Par ailleurs, « se tourner vers l'intérieur » c'est entreprendre un voyage où le Soi quitte le mental pour rejoindre l'âme — là où le scénario personnel n'existe pas. Cela vous permet d'accéder à un espace totalement différent d'où observer ce qui vous arrive. Vous pénétrez un espace différent pour adopter une perspective autre.

Il existe plusieurs moyens d'y parvenir. Pour finir, il s'agit tout simplement d'être silencieux en vous-même, mais d'une manière nouvelle.

Paradoxalement, vous êtes déjà en silence avec vous-même. Vous êtes sans doute alors en proie à une foule de réflexions personnelles. Il s'agit cependant d'examiner des pensées qui reflètent vraiment qui vous êtes, plutôt que le miroir déformant qui vous donne une allure grotesque. Encore une fois, vous devez être silencieux en présence de votre âme, pas de votre intellect.

Évitez d'y faire appel pour obtenir un reflet de vous-même. Sinon, vous allez vous égarer. Les gens se dissocient de leur propre « meilleur moi » — ce que je nomme leur « identité vraie ». (J'expliquerai plus loin.)

Le problème que pose le fait de « nous réfugier » dans l'univers de l'esprit, c'est que nous vivons ainsi notre scénario personnel (pas forcément flatteur, dans nos mots) et que nous ajoutons à cette interprétation notre propre version de ce qui nous arrive et ses raisons. Nous le percevons également dans un miroir déformant. Ou, pour reprendre les paroles de Leah quand je lui ai expliqué aujourd'hui comment nous nous empêtrons dans notre scénario personnel : « En ce qui me concerne, le scénario est étroitement enchevêtré dans les événements extérieurs de ma vie — n'avoir aucun revenu, être sans logis, me demander comment je vais me nourrir, être incapable de trouver du travail. Ces circonstances me renseignent sur mon identité ; je tire des conclusions à mon sujet à partir de ces conditions extérieures. »

En effet, et il en va de même pour nous tous. (Jusqu'au jour où nous cessons de nous comporter ainsi.) Si des éléments majeurs de notre existence prennent une tournure catastrophique, nous avons souvent l'impression d'être responsables. Nous avons fait (ou pas) quelque chose qui a entraîné ce malheur. Nous présumons avoir en quelque sorte échoué. Et devant les échecs, nous nous accablons de reproches, nous nous attribuons les torts pour tout ce que nous avons fait (ou pas fait) pour « en arriver là ». Et nous sommes impitoyables.

Ou encore, si nous ne nous accablons pas de reproches, nous nous remettons en cause. Nous nous réfugions dans le mental afin de cerner la cause des événements. Lorsque j'ai expliqué ce livre dans une réponse à Leah, elle a répondu :

« J'aimerais savoir pourquoi nous nous comportons ainsi. Pourquoi ces choses surviennent. Pourquoi je suis sur le point de me retrouver à la rue. Pourquoi je suis incapable de trouver du travail. Est-ce parce que je suis… ? Parce que j'ai fait… ou n'ai pas fait… ?

« Personnellement, j'aimerais comprendre pourquoi nous, les humains, éprouvons ce besoin de déterminer POURQUOI ceci ou cela nous arrive. Il doit s'agir d'un besoin fondamental, primordial de donner un sens aux événements qui nous entourent.

« Ou bien je dois apprendre à mieux discerner les circonstances extérieures que je vis — être sans le sou et n'avoir aucun moyen immédiat "d'arranger les choses" puisque ces événements extérieurs sont alors tout à fait concrets. »

Que nous nous percevions comme la cause de ce changement malvenu ou que nous nous accusions d'en ignorer la raison, nous n'arrivons pas à imaginer pourquoi quiconque voudrait nous aimer (« ils le disent sans le penser », croyons-nous), car nous ne parvenons pas à concevoir comment nous aimer. Ce faisant, nous nous égarons dans notre mental. Nous perdons de vue notre Soi véritable, notre « meilleur moi » en errant dans notre scénario désormais bien élaboré. La Terre a-t-elle jamais connu pire individu ? Un tel raté ? Un être humain plus incapable, moins fiable, plus indésirable et insignifiant ?

Étrangement, *nous avons conscience de notre attitude*. Nous percevons le flot de reproches et nous nous le reprochons. Ce qui nous éloigne encore davantage de notre Soi véritable. Et si notre entourage, qui nous connaît bien, s'enquiert de ce qui se passe, nous répondons : « Oh ! rien. Je ne me sens pas moi-même aujourd'hui. »

Rien ne pourrait être plus juste.

Et comme je l'ai mentionné, nous en avons conscience. En notre for intérieur, nous savons que ce n'est pas celui ou celle que nous sommes vraiment, sans toutefois savoir comment revenir à cet état ; nous ignorons comment y remédier.

Nous nous tournons donc vers l'esprit et reprenons notre bavardage intérieur. Nous poursuivons notre discours sur ce qui se passe. Le seul problème, c'est que nous ne pouvons atteindre notre moi — pas notre moi véritable, notre meilleur moi — parce que notre interprétation fait obstacle. Nous nous identifions à ce scénario, estimant qu'il constitue la vérité à notre sujet et que tout le reste fait partie du spectacle.

Pour nous, désormais, il y a le spectacle et le réel. Nous nous persuadons que tout ce qui est bien appartient au spectacle que nous exhibons, tandis que le négatif est réel. C'est l'interprétation juste à notre sujet.

Cela vous semble familier ? À moi, si, car j'ai adopté chacun de ces comportements. Et je m'y livre encore aujourd'hui… jusqu'à ce que je cesse. Ce bouquin porte sur la manière de s'en affranchir.

Si, par conséquent, vous « n'êtes pas vous-même aujourd'hui », je vous suggère d'appliquer la première recommandation et de ne pas faire cavalier seul.

Appliquez ce changement dès aujourd'hui.

Pas demain.

Aujourd'hui.

Décidez de nouer des liens avec votre âme, puis tendez la main. Trouvez quelqu'un qui n'adhère pas à votre scénario. Quelqu'un qui vous connaît bien et qui ne vous perçoit pas tel que vous croyez être, mais tel que vous êtes vraiment. Entamez une conversation avec cette personne et vous constaterez peut-être que ce changement aura à lui seul transformé votre expérience du changement qui bouleverse votre vie.

Si vous n'avez personne avec qui amorcer ce dialogue extérieur, je vous réserve une petite surprise. Faisons de ce bouquin un livre interactif. Je vous invite à discuter avec moi, et avec d'autres lecteurs, au fil des pages que vous parcourrez.

Vous pouvez poser ce livre et prendre contact avec quelqu'un à l'instant même. Quelqu'un qui sait ce que vous vivez. Quelqu'un qui l'a vécu. Quelle idée formidable, non ? C'est peut-être une approche révolutionnaire en cours de lecture d'un livre.

Vous souhaitez peut-être simplement prendre contact avec quelqu'un pour l'interroger au sujet d'un passage du livre, obtenir une explication plus détaillée ou savoir ce que les autres ont fait des suggestions proposées. Excellent. Accédez à Internet et rendez-vous sur le site créé à votre intention pour aider à transformer l'expérience du changement dans votre vie.

L'adresse est www.ChangingChange.net.

Comprenez ceci : non seulement est-il possible de nous écrire et de recevoir une réponse, mais en outre vous pouvez discuter avec nous, en temps réel, par l'entremise de conférences collectives régulières et de cours à distance. Au sein du réseau, il est possible d'explorer ce que vous vivez et ce que vous lisez à mesure que vous le vivez et le lisez et de poser toutes les questions aux membres du réseau, à votre guise.

Ce site Internet comporte des vidéos de personnes qui ont traversé de grands bouleversements, des vidéos qui répondent à des questions et expliquent ce que ces personnes ont fait.

Et ce n'est pas tout. Un accompagnateur de changement est offert en privé par certains membres du réseau. Des ateliers d'un jour sur le thème « Tout changer » sont aussi présentés par moi-même et je participe à de longues retraites spirituelles de renouvellement que je facilite.

L'idée, c'est que toute l'aide que vous requérez se trouve à votre disposition. L'important, c'est de ne pas vous sentir seul. Il n'est pas nécessaire que vous affrontiez seul les événements qui vous affligent en ce moment. D'autres sont là pour vous accompagner. Des gens pour qui vous comptez. Je suis parmi eux. Et il y en a d'autres. Des coéquipiers qui se sont joints à la communauté Changeons le changement [Changing Change community] et qui ont instauré ce réseau. Des individus qui vous accompagneront avec douceur et tendresse au fil des événements qui vous chamboulent, des gens qui vous mèneront de l'autre côté.

Si cette possibilité vous semble agréable, installez-vous à l'ordinateur, allez à l'adresse www.ChangingChange.net et rédigez un message. Une personne qui a vécu ou qui est en train de vivre précisément ce que vous vivez aujourd'hui vous répondra rapidement. Ne vous fermez pas, ne soyez pas trop timide, trop embarrassé, obstiné, etc., au moment de vous ouvrir de votre situation.

Reliez-vous. CONNECTEZ-VOUS.

Si vous ne prenez pas d'autre mesure, poursuivez du moins la lecture de ce bouquin. Vous vous connectez ainsi avec moi, et moi avec vous.

Et c'est formidable.

Souhaitez-vous poursuivre ?

L'époque est merveilleuse à vivre.
Et le long parcours vers la maison est peuplé —
nous sommes *partout.*
Pourtant le combat pour la survie se mène seul.
Ainsi, la prochaine fois que vous tomberez,
observez
de part et d'autre où vous gisez
et prenez la main
de votre cher frère ou sœur
dont le visage est entaché.
Nous nous lèverons ensemble,
même si notre chute est solitaire —
car c'est une époque merveilleuse où vivre
même sur ce long chemin vers la maison.

– « Rise Together » © *2007 Em Claire*

4

LA RÉACTION NORMALE AU CHANGEMENT

Hum... Eh bien, patientez un peu. Je tiens à vous avertir de quelque chose. J'ai tendance à me répéter.

Je vous en prie, inutile de devenir barjot au fil de notre conversation. « Ne vient-il pas de dire ça ? » Je l'ai probablement fait.

Les agences de publicité à New York prétendent que l'individu moyen assimilera entièrement le contenu d'un message seulement après l'avoir entendu à cinq ou six reprises. J'ignore si c'est exact, mais je sais qu'en ce qui me concerne, je saisis rarement l'ensemble de n'importe quel message — encore moins ses nuances et son impact concret — à la première écoute. Je voulais simplement vous informer que je compte réitérer certains points à une ou deux reprises. Voire trois. Et puis zut, peut-être même quatre fois.

Je tenterai cependant de rendre mes répétitions intéressantes. Je vous enjoins toutefois de vous montrer patient : passez-moi ce caprice. Ce livre est rédigé de manière circulaire, pas en ligne droite. Voilà le style que j'ai choisi, car je veux m'assurer d'être absolument clair sur tout ce que je partage, et la répétition me le permet. D'accord ?

Maintenant, comme je l'ai mentionné plus haut, j'ignore ce qui a changé dans votre vie, mais je sais toutefois que ce changement vous a perturbé. J'en suis certain. Pourquoi ? Parce que tout changement perturbe, même un changement pour le mieux. Ne soyez donc pas en colère contre vous-même si la situation vous touche vraiment. La réaction est tout à fait normale. À dire vrai, le changement entraîne souvent davantage qu'une perturbation. Il soulève une foule d'émotions. Votre conception du changement — une période de remous et de détresse ou une ère de paix et de créativité — dépend des émotions qui montent en vous.

Presque tous les changements suscitent la peur. Le saviez-vous ? Je ne réfère pas ici qu'aux changements « négatifs », mais également aux améliorations.

Vous décidez de vous marier — et succombez instantanément à la peur. Et si l'amour venait à mourir ? Et si vous aviez choisi le mauvais conjoint ?

Vous décrochez un nouvel emploi, bien meilleur — et vous êtes immédiatement en proie à la terreur. Et si vous n'arriviez pas à accomplir ce dont vous avez affirmé être capable quand vous avez postulé cet emploi ? Et si tout échouait ?

Vous réarrangez l'ameublement du salon et glissez immédiatement dans l'angoisse. Et si votre partenaire n'appréciait pas ? Peut-être vaudrait-il mieux tout remettre en place et en discuter d'abord.

Certaines personnes ne peuvent même pas changer de coiffure sans se taper une crise d'anxiété. Et si j'avais l'air ridicule ? Vais-je perdre le peu qui faisait mon charme ?

Insensé. Pourtant, c'est ainsi que nous pensons. C'est notre attitude. La vôtre, la mienne. Nous tous avons ce genre de comportements. Car la similitude est réconfortante. Même si cette similitude nous tue, même si elle nous assomme au plus haut point. Quelqu'un a dit que la vie commence là où s'achève votre zone de confort. Gardez cela à l'esprit. La vie commence là où finit votre zone de confort.

Si vous avez un sentiment d'inconfort en ce moment, sachez que le changement qui se produit dans votre vie est un début, pas une fin.

D'accord, c'est une fin. Ne nous leurrons pas. Une situation significative prend fin. Un élément important a disparu. Un aspect de votre existence s'est volatilisé, évanoui, évaporé, juste comme ça. Il s'agit peut-être d'une personne ou encore d'un rêve.

C'est peut-être l'anéantissement de votre sécurité, de votre confiance. Il s'agit peut-être d'une perte plus grave encore que la perte d'un amoureux ou d'un emploi. Le cours actuel des événements se fait beaucoup plus menaçant.

Nommons donc les choses par leur nom. Ne tournons pas autour du pot. Formulons donc les choses ainsi : vous avez conscience de ce qui se passe. Cela dit, je voudrais ajouter que ce qui vient de se terminer… est également un début.

N'oubliez pas que ces paroles sont celles d'un type qui a été un clochard pendant un an. Que vous discutez avec quelqu'un qui a tout perdu. Boulot. Femme. Famille. Tous les biens qu'il ait jamais possédés ou chéris. On m'a même piqué ma voiture. Dans les rues de Portland, en Oregon, au beau milieu de la nuit. J'étais déjà un sans-abri. J'ai « campé » dans l'appartement d'un ami jusqu'à ce que je me sorte de l'embarras. Un beau matin, j'ai constaté en sortant que ma vieille Chevy Impala déglinguée avait disparu. Disparu.

Les quelques effets qui me restaient se trouvaient dans cette voiture. Désormais, je n'avais plus rien. Rien. Seulement les vêtements que je portais. Mon rasoir et les objets que j'avais emportés dans l'appartement. C'était tout.

Je sais ce que signifie la fin de tout. Et j'ai vu ce que je concevais comme la fin de mon univers se muer en un début d'existence dont je n'aurais jamais rêvé. J'ai donc acquis mes lettres de noblesse pour au moins semer l'idée dans votre conscience. Il est peut-être trop tôt, beaucoup trop tôt, pour aborder les faits en termes de nouveau départ. Vos circonstances actuelles ne le permettent pas pour l'instant. Toutefois, il n'est pas trop tôt pour en semer l'idée. Nous l'avons tous entendu des centaines de fois et il semble banal de vous le rappeler, mais voici tout de même…

« Pour chaque porte qui se ferme, une autre s'ouvre. »

Peu importe la nature de votre perte — emploi, résidence, conjoint, crédit, rêve, espoirs, voire la santé… Peu importe ce qui a disparu ou changé radicalement, vous pouvez repartir de zéro et atteindre des sommets encore plus élevés.

Je vous en fais la promesse.

Cela s'est avéré à tant de reprises pour moi que j'ai cessé de m'en faire lorsque les choses changent. Je jette simplement un coup d'œil sur ce qui vient. La perspective d'une situation différente me captive sur-le-champ. Elle ne m'effraie plus.

Même les choses redoutables ne me font plus peur. Comme de perdre virtuellement toutes mes économies de retraite au cours du krach boursier de l'automne 2008. Les gens étaient affolés : « Ah, mon Dieu ! Ah, mon Dieu ! » Ma seule pensée était : « Ce n'est que de l'argent ! Tout est parfait. La vie suit son cours. J'ai été à la rue un jour, je pourrais y retourner. »

Toutefois, vivre dans la rue pendant un an transforme votre point de vue. Accéder à la sagesse ne requiert pas cependant de vivre une expérience si extrême. Cette sagesse réside là, au fond de l'inconscient, en nous tous.

Nous savons tout ce qu'il nous faut savoir — et nous savons tous que nous le savons. Quelques-uns n'y croient pas. C'est « trop beau pour être vrai ». Ils le nient.

Ma croyance s'est muée en savoir. J'ai vécu assez longtemps pour comprendre que la plupart des choses qui m'angoissaient ne se sont jamais produites, que celles qui me paraissaient négatives se sont finalement montrées pour le mieux, que presque tout ce que j'aurais voulu ne pas changer n'aurait pas pu rester tel quel même s'il l'avait voulu, car le changement est le processus même de l'existence ici-bas.

J'ai vaguement abordé ce principe dans le prologue. Permettez-moi d'en reparler ici. La vie est changement, et quand rien ne change, rien ne vit. Tout ce qui vit bouge. Et cela comprend tout ce qui existe. Même une pierre bouge. Placez-la sous un microscope. Examinez sa structure moléculaire. Vous y découvrirez un univers miniature présentant une caractéristique fascinante : tout y bouge.

La vie est mouvement. Le mouvement est changement. Chaque fois qu'une particule subatomique oscille dans l'espace et le temps, quelque chose se transforme. Le changement est dès lors inévitable. C'est la nature même de la vie. Il s'agit donc non pas d'éviter le changement, mais de le créer. (Le thème de la seconde partie du livre.) Ce sera alors le genre de changement que vous choisirez. Pour l'instant, toutefois, vous êtes au milieu d'une période de tumultes, tumultes que vous n'avez pas suscités (pas consciemment du moins) et vous éprouvez les émotions qui s'y rattachent. Parmi celles-ci, il y a la peur, le plus vraisemblablement, à un certain degré. La tristesse, peut-être. Voire une touche de colère. Merde, peut-être même une immense fureur.

Je tends à penser que vous éprouvez au moins l'une de ces trois émotions. Penchons-nous donc sur celle-ci. Analysons donc la peur de plus près.

Vous voulez faire une petite pause d'abord? Bien, c'est un bon endroit pour poser le livre momentanément. Accordez-vous un espace pour respirer. Inspirez en vous ce que vous venez de lire, puis voyez si vous souhaitez poursuivre ou vous reposer là-dessus pendant un temps et me retrouver un peu plus tard.

Si vous êtes prêt à continuer, passez à...

REMARQUEZ QUE VOUS ÊTES PARFAITEMENT NORMAL

Génial. Voilà comment prendre bien soin de vous. Remarquer vos comportements — marquer une pause pour observer vos actions —, puis décider activement de la suite constitue une excellente manière de vous occuper de vous.

Vous venez de le faire et c'est formidable. C'est une excellente habitude à adopter.

Parlons donc de la peur.

C'est un sentiment omniprésent, et il est tout naturel. Après tout, nous redoutons l'inconnu. Voilà la peur la plus primordiale que nous tous éprouvons. La peur de l'inconnu. Et le changement a pour effet précisément de nous placer en territoire inconnu. Pas tous les changements, mais la plupart.

Certains changements nous conduisent en des lieux où nous avons déjà été — c'est justement ce que nous redoutions. Mais les changements sont pour la plupart imprévisibles. Ils nous abandonnent dans l'ignorance de ce qui vient. De ce fait, nous avançons avec appréhension (un synonyme atténué du mot peur).

Le changement éveille parfois la crainte que nous n'atteignions jamais la destination voulue, que la destinée continuera d'anéantir nos espoirs, nos rêves et nos chances, de détruire notre moral et de nous priver de raison d'être.

Tout cela est normal. Votre réaction est légitime. Après tout, le sort inflige parfois certains de ces chocs. Les dommages prennent invariablement la forme d'un changement.

Ainsi, il est excellent d'avoir conscience que la crainte accompagne les changements de la vie — changements pour le pire ou pour le meilleur. Cette prise de conscience vous évitera de redouter le changement en soi. Si vous vous mettez à craindre le changement dans son ensemble, vous finirez peut-être par éviter de modifier quoi que ce soit jusqu'à la fin de vos jours, même les choix servent votre intérêt.

Vous ne réussirez jamais à empêcher le changement simplement en évitant d'en effectuer de votre propre gré. Vous ne parviendrez qu'à l'empêcher de se produire de la manière dont vous auriez souhaité. Notre monde témoigne clairement de ce principe.

Comme il en va pour nous,
je fabrique et vous mettez en miettes tout bonheur
que j'avais construit.
Je suis incertaine
de ce que vous voulez de moi ;
je crois tout ce qu'on me raconte
sur la joie croissante que la vie est censée être.
Je recule parfois
dans un petit coin,
tel un animal qui ne comprend pas le tonnerre,
qui ne comprend pas la foudre,
qui ne comprend pas l'Illumination.

– « I Cower » © 2007 Em Claire

5

SAUTER PAR-DESSUS LE TEMPS

Il serait peut-être utile de savoir si ce que vous vivez sur le plan personnel se produit partout, dans la destinée collective de la planète. Ainsi, vous aurez moins l'impression d'être la tête de Turc de l'univers et, de ce fait, vous vous sentirez moins isolé.

À l'heure actuelle, un nombre extraordinaire de gens vivent de formidables bouleversements sur plusieurs plans. Les économies mondiales connaissent des transformations radicales, ce qui incite l'humanité à revoir ses priorités de base. Les politiques globales ont été revues et nous sommes témoins d'événements que nous n'aurions jamais crus possibles. Les domaines médicaux, scientifiques ou technologiques font des découvertes stupéfiantes qui altèrent notre compréhension des bases mêmes de la vie. Les courants de pensée les plus inédits à propos des relations amoureuses et du mariage en ont poussé plusieurs hors de leur zone de confort. Et la terreur s'est immiscée dans nos existences en raison de l'approche du conflit qu'ont adoptée certains de nos semblables.

Sur le plan individuel, les gens perdent leur emploi, leurs économies, leur maison. Un segment plus vaste de la population vieillit et nos proches franchissent cette transition que nous appelons la mort. Les mariages et les couples se dissolvent plus fréquemment, pour des motifs plus insignifiants. En raison de ces deux derniers facteurs, des êtres chers quittent notre entourage à un rythme affolant. Nos approches parentales en éducation et les réformes de l'enseignement sont radicales au point d'influer sur la dynamique de nos rapports familiaux d'une manière que nous n'aurions pas crue possible il y a peu de temps.

Tous ces événements font partie d'un processus global qui atteint notre monde. La société humaine est en train de se réinventer dans son ensemble, mais, pour ce faire, la plupart d'entre nous n'ont pas de directives, de cartes routières, de méthodes spécifiques. Voilà pourquoi ce que je vous offre ici sera fort précieux.

Je ne cherche pas à vous déprimer encore davantage, mais bien à préciser que votre situation n'est pas unique. La bonne nouvelle, c'est qu'il est possible de rattraper les rênes de cette carriole emballée, du moins sur le plan personnel. Il existe un moyen de maîtriser et de modifier votre réaction au changement et, à partir de là, de produire, de maîtriser et d'orienter les changements.

J'ai posé les fondements graduellement afin de vous fournir un contexte — un cadre très fertile — où placer ce que nous allons voir maintenant.

Nous évoluons au travers de ce que Jean Houston, anthropologue et sociologue, appelle « saut temporel » (*Jump Time*) dans son remarquable ouvrage du même titre. *Jump Time*, dit Jean, représente un instant dans le cycle éternel de la vie où nous altérons prodigieusement chaque aspect de notre expérience. Tout comme l'humanité au cours des trois siècles que dura la Renaissance (un instant infime sur l'horloge de l'éternité), où tout, de l'art à la politique, à la culture, au gouvernement, au commerce, à l'éducation, à la religion, à la sexualité, aux partenariats, au parentage, aux modes alimentaires, aux boissons et à la manière de s'exprimer, s'est métamorphosé si intégralement que plus rien, absolument plus rien, ne fut jamais comme avant.

Notre renaissance actuelle a ceci de sidérant qu'elle ne s'étale pas sur trois siècles, mais sur trente ans. Oui, j'ai bien dit trente ans. Ce phénomène est dû à l'accélération, à l'étendue, à l'ampleur, à l'envergure, et à la rapidité des communications à l'échelle mondiale que j'ai évoquée plus tôt.

Nous vivons déjà à l'aube de ce que j'ai appelé « l'ère de l'instaparence », où tout est connu instantanément et avec transparence. Cette perception instantanée de l'ensemble des événements amène des changements de perspective entraînant un effet domino.

L'humanité sera incapable de gérer cela — et vous non plus —, à moins que la « réponse à tout » ne soit dévoilée, et c'est ce que nous allons faire. Vous et moi allons en divulguer le secret au chapitre 16.

Non, ne sautez pas à ce chapitre tout de suite ! Vous devez d'abord comprendre pourquoi les changements dans votre vie sont douloureux à ce point. Je partagerai ensuite avec vous cette étonnante vérité, de sorte que le changement n'ait plus jamais à vous faire souffrir. Pas même les bouleversements épouvantables comme le fait de tout perdre ou de se retrouver à la rue. Par contre, à moins d'avoir la base que nous posons ici, ce secret en soi vous paraîtra creux, superficiel.

Reposons-nous donc un peu ici, si cela vous paraît opportun, pour réfléchir à la vitesse à laquelle vous et votre monde éprouvez le changement.

Contentez-vous de respirer et de vous détendre un instant.

Soyez ici, maintenant. Songez à tout ce qui a été dit et tentez simplement de ne rien en faire. Contentez-vous de contempler ce savoir, de l'inspirer en vous, et soyez heureux de cet instant.

Puis, lorsque vous êtes prêt à continuer, passez à…

LES ÉVÉNEMENTS PAR OPPOSITION À LA RÉALITÉ QU'EST-CE QUE CELA SIGNIFIE ?

Je suis conscient de m'être attribué une lourde tâche. J'espère vous convaincre que les changements que vous traversez n'ont pas à vous faire souffrir, bien que la destinée vous ait clairement apporté la preuve du contraire. Cependant, la clé qui mettra un terme à votre souffrance consiste à connaître la cause de celle-ci, à identifier ce qui la suscite, et à savoir pourquoi vous vous sentez ainsi.

Et voici une bonne nouvelle à ce sujet…

… le changement en soi n'est pas la cause. Ce n'est pas la perte d'emploi, la fin d'une histoire d'amour, l'incapacité soudaine à payer les factures, ou n'importe quelle autre circonstance extérieure. C'est votre manière d'envisager cela.

La tristesse repose sur la même cause. La colère découle de la même source. L'événement extérieur n'est jamais en cause, c'est invariablement un processus intérieur. L'événement et votre réalité au sujet de cet événement ne sont pas identiques.

Oh là là, nous y voici encore! C'est suffisamment important pour mériter une répétition.

L'événement et votre réalité à son sujet ne sont pas identiques.

L'événement est un phénomène; votre réalité en est un autre. Les événements sont le produit de conditions et de faits extérieurs à vous. La réalité résulte de conditions et de faits intérieurs — dans votre esprit. C'est là que les événements prennent la forme de données qui, à leur tour, sont transformées en vérités, lesquelles seront subséquemment converties en pensées donnant naissance à des émotions qui deviendront alors des expériences formant votre réalité.

Si seulement vous pouviez modifier l'un de ces éléments…

Nous sommes enfants de lumière.
Grâce dorée.
Ailes censées voler. Nous sommes
délicats et en gestation de bonté.
Nous sommes faits d'un silence
tel que l'Univers tout entier
nous entend.
Seul existe le déploiement, l'ouverture
survenant à l'infini.
Tout le reste n'est que pensées — des sucettes pour l'esprit.
Nous sommes des enfants de lumière
jouant le rôle de l'humanité.

– « Lightbabies » © 2007 Em Claire

6

LE DEUXIÈME CHANGEMENT

Six éléments engendrent votre réalité dans la sphère physique que nous appelons la vie. Je les ai cités plus haut. Les voici encore une fois : les événements, les données, les vérités, les pensées, les émotions et les expériences. Si l'un ou l'autre de ces éléments est changé, votre réalité se transforme. En conséquence, pour modifier votre expérience du changement présent, vous devez modifier l'un de ces éléments. Tout cela nous mène au…

CHANGEMENT NUMÉRO 2 :
Modifiez vos émotions.

Vous êtes en mesure de modifier vos émotions. Par le fait même, vous transformez votre expérience du changement. Il m'est impossible de vous expliquer cela en un seul chapitre, car le sujet est beaucoup trop riche pour que je l'exprime en quelques lignes seulement. Et il est intrinsèquement lié aux troisième et quatrième changements. Il vous faut donc les considérer tous les trois simultanément. Pour l'instant, néanmoins, je me contenterai d'affirmer qu'il vous est possible de modifier vos émotions sur n'importe quoi — des événements de votre vie à l'heure actuelle, des choses à votre sujet ou concernant ce livre.

Sur n'importe quoi.

Vous êtes peut-être d'avis qu'un tel exploit est impossible. La suggestion vous semble peut-être même frôler la suffisance ou l'arrogance. Vous avez déjà pris connaissance de ce genre de discours dans les ouvrages « À faire soi-même », lors de conférences, etc. Vous vous dites donc : « Eh bien, si c'est tellement simple, pourquoi le citoyen lambda ne réussit-il pas ? N'est-il pas cruel de faire miroiter une telle possibilité si la plupart des gens ne peuvent l'entrevoir ? »

En effet, si c'était le cas, ce serait cruel. Je ne ferais jamais une telle chose. Je n'agiterais jamais sous votre nez une chimère parfaitement irréalisable. Mon intention n'est pas de vous faire tourner en bourrique. Je souhaite vous apporter le bonheur.

Par conséquent, bien que vous connaissiez déjà certaines de ces affirmations, j'aimerais cette fois que vous y réfléchissiez sérieusement. Vraiment. Fermez les yeux et méditez-les. Car les lignes que j'ai écrites ici sont peut-être les plus importantes que vous lirez jamais. Et même si vous les avez déjà entendues, vous n'avez peut-être pas jugé qu'elles pouvaient être réalisables. Pourriez-vous le faire maintenant ?

Est-il possible que vous ne compreniez pas complètement l'approche et que la saisir parfaitement puisse tout changer ?

Ici, je vous prie d'interrompre votre lecture. Juste une seconde. Le temps d'une petite pause. Juste assez longtemps pour décider ce que vous souhaitez en penser.

Avez-vous perçu l'ironie ici ? Je souhaite que vous choisissiez ce que vous allez penser de cette idée voulant que vous décidiez de vos états d'âme.

Allez-y. Fermez ce bouquin et cogitez. Interrogez-vous. À quoi ressemblerait ma vie si je pensais être maître de mes émotions, et non leur sujet ? Est-il possible de transformer une émotion une fois qu'elle s'est manifestée ? Non pas l'ignorer ou agir malgré celle-ci, mais la transformer dans les faits. Puis-je y arriver ? À ma guise ? Je vous en prie, réfléchissez à la question et à ses répercussions si la réponse s'avérait affirmative. Puis accordez-vous…

un espace pour respirer.

Inspirez à fond ce que vous venez de lire, puis voyez si vous souhaitez poursuivre ou laisser mûrir pendant un moment et me retrouver plus tard. Ou pas du tout.

Si vous êtes prêt à continuer, passez à…

L'INSTIGATEUR DE TOUTES LES ÉMOTIONS

Les émotions constituent le thème ici. Enfin, moi je parle d'émotions. Pour votre part, peut-être les éprouvez-vous. Tout ce que vous tentez de faire, c'est de gérer les changements dans votre vie, les calamités périlleuses qui ont cours, alors que moi je me lance dans une petite conférence sur la psychologie humaine, sur les causes de l'émotion et sur la manière de les transformer.

Mais vous savez quoi ? Je n'oserais jamais faire une telle chose. Je n'évoquerais jamais cette approche si j'étais d'avis qu'elle ne pouvait pas vous aider. Ici même, dès maintenant. Peu importe la nature des événements que vous affrontez — perte d'emploi, perte de votre maison, perte imminente de tout.

Je l'ai mentionné, je sais ce que vous traversez. J'en ai fait l'expérience. Et il m'a fallu des années pour arriver à comprendre ce que je m'apprête à vous dévoiler. Je n'y comprenais rien. Je ne pigeais pas. Jusqu'au jour où j'ai saisi. (Grâce au petit coup de pouce d'un ami.)

Permettez-moi de revenir un peu en arrière et de reprendre encore la question des émotions. Et je vous le promets, vous verrez comment tout cela se tient, en quoi cela vous concerne directement, et l'impact que votre attitude peut avoir sur cette période de votre existence. C'est le but, non ? La raison même de notre conversation, n'est-ce pas ? Autrement, ce n'est que du vent.

Revenons donc à notre propos. Prenons une émotion spécifique, la peur par exemple (je la choisis, car elle est puissante), pour voir comment on peut arriver à la transformer.

La peur, une émotion suscitée par une pensée en vous, crée l'expérience d'un événement extérieur dans votre vie. La plupart des gens croient généralement que la peur est le résultat direct d'un événement, que la séquence va de l'événement à l'expérience. C'est faux. La preuve, c'est que l'émotion ne surgit pas uniformément en tous. Une même situation, disons, ne suscite pas la peur chez deux individus différents. Quelquefois si, mais souvent non.

Un lion qui rugit provoquera la terreur chez l'un, mais pas chez l'autre (le dompteur, par exemple.) Les hauteurs éveilleront le vertige chez l'un, mais pas chez l'autre (l'expert en escalade). Discourir en public suscitera la peur chez certains (les sondages soulignent à l'unanimité que c'est la peur numéro un chez un grand nombre d'individus), mais pas chez d'autres (un conférencier ou un artiste, par exemple).

Nous sommes donc d'accord qu'il n'est pas assuré que deux personnes éprouvent la même expérience, la même peur, en présence d'un même événement extérieur. Et le même événement répété n'engendre pas chaque fois une expérience identique chez la même personne.

Qu'est-ce donc qui induit la peur ? Si ce n'est pas le lion rugissant, la hauteur de l'échelle ou le public qui attend de vous entendre, qu'est-ce alors ?

C'est quelque chose en vous. Vos opinions, vos souvenirs, vos projections, vos concepts, vos angoisses, vos conceptions, vos désirs, votre conditionnement, etc. Et tous ces éléments appartiennent à une catégorie plus vaste.

Les pensées.

Ce sont vos pensées qui sont les instigatrices de vos peurs — rien d'autre. Les pensées donnent naissance à toutes les émotions.

En ce qui concerne n'importe laquelle des émotions que vous éprouvez, il est possible de dire : « Et maintenant, un mot de notre commanditaire ! » [*sponsor*]. À l'instar des commanditaires à la télé, les pensées interrompent le spectacle.

Découvrir que les pensées ont ce lien avec les émotions est la meilleure nouvelle que vous puissiez entendre. En ce moment, alors que vous affrontez ces bouleversements, c'est la plus heureuse nouvelle que vous puissiez recevoir. Pourquoi ? Parce que les pensées sont malléables.

Nous avons évoqué la possibilité de transformer vos émotions, et transformer les émotions représente le moyen de changer le changement. Voici donc comment transformer vos émotions.

Modifiez vos pensées.

Alors que le cœur est d'habitude

le seul endroit où réside l'amour,

un esprit rempli de joie

attire le cœur tel un papillon de nuit

au sein d'une flamme étonnamment *différente*.

Une flamme qui ne consume rien —

vos ailes ne seront pas confisquées.

Comme si Dieu étendait la surface de la maison

pour résider dans toutes les pièces simultanément

juste

parce que nous

le pouvons.

– « A Mind Full of Joy » © 2007 Em Claire

7

LE TROISIÈME CHANGEMENT

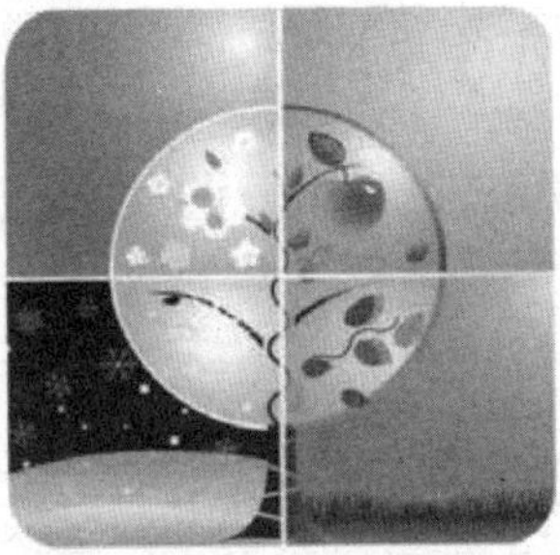

Vous n'êtes peut-être pas en mesure d'empêcher le changement, mais vous pouvez certainement modifier vos pensées au sujet des choses qui changent.

C'est possible, et c'est l'élément qui suit dans la liste des neuf changements qui changent tout.

CHANGEMENT NUMÉRO 3 :
Modifiez vos pensées.

La pensée est une idée que vous fabriquez. Vous n'avez toutefois pas produit le changement qui est survenu dans votre vie, mais votre pensée à son sujet, si. Cette pensée n'a souvent aucun rapport avec la réalité ultime, avec la réalité observée, pourtant elle est souvent liée à la réalité déformée. Pour tout dire, elle en est généralement à l'origine.

Oh ! voilà quelque chose d'important. Je suis d'avis que vous ne devriez pas lire en diagonale le paragraphe ci-dessus. Examinons-le plus étroitement. Ce que j'ai dit…

« La pensée est une idée que vous fabriquez. [...] Cette pensée n'a souvent aucun rapport avec la réalité ultime, avec la réalité observée, pourtant elle est souvent liée à la réalité déformée. Pour tout dire, elle en est généralement à l'origine. »

Je viens de vous présenter une formule inédite. Avez-vous saisi le fait ? J'ai fait référence à trois « réalités » :

- *la réalité ultime,*
- *la réalité observée,*
- *la réalité déformée.*

Je les réunis sous l'appellation « trine réalité » : trois versions simultanées de la réalité.

Il y a donc la réalité ultime (les faits tels qu'ils sont, leur raison d'être en soi et les faits à votre propos), la réalité observée (ce qui est apparent directement sous vos yeux) et la réalité déformée (les faits tels que vous les imaginez).

Laquelle de ces réalités s'assimilera à votre expérience dans n'importe quelle situation ne relève que de vous. Cela dépendra en fait de l'état de votre mental *avant de formuler une pensée.*

Le doux dévoilement est seyant.

Il n'y a peut-être rien de plus merveilleux

que ce *glissement* que vous appeliez autrefois

« marcher ».

Vos peurs

tombent aussi légèrement que de la lingerie.

Et celui ou celle que vous êtes,

enfant nu,

tourne chaque signification

vers la Lumière,

vers ce qui a toujours été

ici même

rayonnant

sous forme de

Vous.

– « The Sweet Unveiling » © 2006 Em Claire

8

LE QUATRIÈME CHANGEMENT

Nous avançons rapidement ici. Ne croyez pas que vous entendez tout ce que j'ai à dire sur ces changements. Il y a beaucoup plus à révéler. Je me contente d'introduire les changements 2, 3 et 4 pour l'instant afin de vous donner une idée de la direction que prend cette conversation. Le parcours ne sera pas rose et vous devez avoir une idée du territoire.

Ces changements sont étroitement liés entre eux et, je viens de le mentionner, il faut les considérer ensemble. Ici, l'analyse procédera donc assez librement, comme une discussion entre amis, pas comme un enseignement schématique ou structuré dans le cadre d'un cours. J'espère qu'au fil de cette discussion vous noterez les relations entre les changements 2, 3 et 4. Ainsi, en traçant notre itinéraire, voici le...

CHANGEMENT NUMÉRO 4 : *Modifiez vos vérités.*

Plus haut, j'ai mentionné que les événements dans votre vie sont le produit de conditions et de faits extérieurs à vous, mais que la réalité résulte de conditions et de faits en vous — dans votre esprit. C'est là que les événements se muent en données, qui se transforment à leur tour en vérités, lesquelles deviendront des pensées donnant lieu à des émotions qui façonneront les expériences formant votre réalité.

Alignons donc ces éléments sur une ligne droite, avec entre eux des signes d'addition et d'égalité, afin que vous les visualisiez. Cela nous permettra de nous concentrer plus précisément sur le processus de création de la réalité.

Tel que je l'ai observé, le processus fonctionne ainsi :

événement + données + vérité + pensée + émotion = expérience = réalité.

J'ai baptisé cela la ligne de causalité. Nous la retrouverons plus loin dans notre discussion. Voilà le cheminement de l'esprit lorsqu'il crée votre réalité.

Vous remarquerez que sur cette ligne, l'émotion précède l'expérience et la crée. De même, la pensée précède l'émotion et lui donne naissance. La vérité précède la pensée et l'engendre. Et nous aborderons l'aspect « données » plus tard.

La ligne de causalité ne montre pas toutefois qu'il existe trois types de vérités. Le fait a une importance capitale, car c'est l'existence de ces trois types de vérités qui conduit à la possibilité d'une trine réalité. Autrement dit, s'il n'existait qu'un seul type de vérité, il n'y aurait qu'une seule réalité.

Les trois types de vérités sont :

- *la vérité factuelle,*
- *la vérité apparente,*
- *la vérité imaginaire.*

Je vous en fournirai la description sous peu, et je crois que vous la trouverez fascinante. Le sujet dans son ensemble s'intitule « mécanique de l'esprit ». Pour l'instant, sachez que c'est aussi simple que A-B-C. Chaque étape qui s'éloigne du A vous distancie de la paix.

Si, au cœur de ces tumultes qui bouleversent votre vie, vous êtes en quête de quiétude, si vous aspirez à la paix, vous devrez vous élever de la vérité imaginaire à la vérité apparente, puis à la vérité factuelle, afin de modifier votre base de la réalité déformée à la réalité observée puis à la réalité ultime.

Voilà à quoi tient la transformation personnelle et globale. Voilà ce qu'a accompli chaque être humain honoré du nom de maître. Et vous êtes en mesure de le réaliser aussi, ici même, dès maintenant, aujourd'hui. Dans votre vie, tout a-t-il changé? Alors, changez tout. Réorganisez votre attitude au sujet de la « réalité », car la réalité n'est pas statique, mais fluide.

(Ce n'est pas tout à fait juste. La réalité est statique, mais notre expérience de celle-ci change. Et c'est naturellement le thème de ce livre. Nous analysons ici la manière de modifier votre expérience du changement. Autrement dit, la manière de transformer votre expérience de la réalité — puisque le changement constitue la réalité constante.)

Je dois vous avouer une chose : lorsque j'ai d'abord compris le fait qu'il existe trois niveaux de réalité, j'ai eu l'impression de m'éveiller d'un lourd sommeil; il est ainsi possible de vivre les événements de notre vie sur un plan déformé, sur un plan observé ou sur le plan de la vérité ultime. Il m'a fallu fort longtemps pour me l'expliquer. Pour remarquer ce que je vous raconte de manière si désinvolte.

Je souhaiterais que vous n'y mettiez pas autant de temps. J'aimerais que vous le saisissiez immédiatement, d'abord comme concept intellectuel, puis comme instrument fonctionnel. Vous en avez besoin maintenant, pas dans dix ans, dix mois ou dix semaines! Pas même dans dix jours. Vous devez accéder tout de suite à cet outil, car c'est maintenant que vous vivez ces incroyables bouleversements.

Si quelqu'un avait élucidé ces principes alors même que j'étais au cœur de la tourmente, cela aurait fait toute la différence pour moi. Alors voici. Permettez-moi de vous dire tout ce que j'ai découvert à ce sujet.

Chacune des trois « réalités » que je viens d'évoquer est extrêmement différente des deux autres — pas juste un peu, mais bien complètement. Et cette différence est due aux trois vérités citées plus haut.

Découvrir qu'il n'existe pas de vérité absolue fut l'une des plus grandes surprises de mon existence.

On devrait afficher cette découverte sur un panneau publicitaire. Partout. Sur chaque route et autoroute, on devrait pouvoir lire :

LA VÉRITÉ ABSOLUE N'EXISTE PAS.

Vous êtes-vous déjà surpris à demander à une personne : « Vous y croyez vraiment ? » Eh bien, voilà de quoi il s'agit ici. Il s'agit de ce à quoi vous accordez foi jour après jour.

Au supermarché existentiel, vous trouverez la vérité emballée sous trois marques. Vous pouvez croire à la vérité factuelle, à la vérité apparente, ou acquérir la vérité imaginaire.

Pour l'instant, supposons que la vérité factuelle n'est pas disponible sur les étalages. Je préfère ne pas aborder directement l'incontestabilité des choses.

(Ce sera le thème de la seconde partie du livre, mais je souhaite d'abord me pencher sur la vérité apparente (ce que nous avons observé) et sur la vérité imaginaire (ce que nous avons déformé.) Ce n'est que lorsque ces deux vérités nous apparaissent clairement que nous sommes en mesure de saisir la vérité factuelle.

La vérité apparente se fonde sur les faits que vous avez observés autrefois quand vous avez été témoin de situations analogues à celle que vous vivez présentement. C'est ce que vous croyez exister en apparence, à la base de vos antécédents, concernant l'événement concret du moment présent.

Votre relation amoureuse prend fin. Vous avez été licencié. Vous avez perdu votre maison. Un proche vient de décéder. Ou vos enfants quittent le nid familial après avoir occupé l'avant-plan de votre vie pendant vingt ans. Peu importe.

Voilà ce qui se passe présentement dans votre univers concret. C'est arrivé. Vous en avez conscience grâce à votre perception directe. Si vous demeurez dans la vérité apparente, tout ira bien, car celle-ci vous fournira l'ensemble des faits d'une expérience analogue vécue autrefois. Mais y demeurerez-vous dans vos pensées ou vous réfugierez-vous dans votre vérité imaginaire ? Et si vous adhérez à la vérité imaginaire en lieu et place de la vérité apparente, aurez-vous les moyens de revenir à cette dernière ?

À mon sens, les neuf changements susceptibles de tout changer constituent ces moyens. Poursuivez votre lecture et voyez si vous êtes d'accord.

J'ai quitté la maison il y a si longtemps
que je ne reconnaîtrais pas mon propre visage.
J'ai fabriqué le vaisseau de ma vie et j'ai pris le large,
saluant tous ceux qui savaient
que les océans m'apporteraient tout ce que je peux assumer
et tout ce que je ne pourrais assumer.
Ils me firent pourtant signe de la main et je suis parti
en haute mer
sur le vaisseau de ma vie
érigé par l'âme,
fignolé par le cœur.
En toute innocence j'ai avancé
en haute mer
et je suis loin de chez moi depuis si longtemps que
je ne reconnaîtrais pas mon propre visage.
Mais je sais que ce chez-moi —
ce chez-moi —
se souvient de moi.

– « Long at Sea » © 2007 Em Claire

9

UNE SEULE ÉMOTION EXISTE

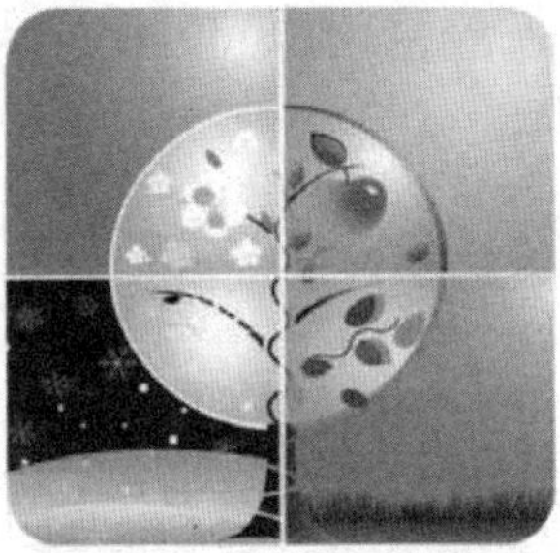

Vous voilà donc plongé dans l'instant présent, affrontant les changements qui vous affligent, et il ne fait aucun doute que vous éprouvez une certaine émotion. Une forte émotion. Vous avez peut-être même quelques difficultés à la gérer.

C'est d'ailleurs cette émotion qui engendre votre expérience ici et maintenant. Et cette expérience, vous l'appelez « réalité ».

Pourquoi ressentez-vous cette émotion ? Pourquoi une telle colère, cette frayeur ou cette infinie tristesse ? Essentiellement parce que vous, à l'instar de tout le monde, ne vous fondez pas sur la vérité apparente pour former vos pensées au sujet d'un événement actuel. Les choses seraient beaucoup plus faciles si vous le faisiez. Mais la plupart des gens adoptent l'angle de leur vérité imaginaire pour interpréter le moment présent. Voilà ce à quoi ils accordent foi.

Un lion surgit de nulle part et pousse un rugissement. Vous êtes pétrifié de peur, car vous imaginez le risque d'être mis en pièces. Un sentier de montagne fait un virage et, par la fenêtre de votre voiture, vous voyez surgir un précipice de 900 mètres. Vous êtes affolé, car vous songez qu'il suffirait d'une fausse manœuvre pour entraîner votre trépas. Un public attend votre venue pour un discours d'importance. Vous êtes paralysé, car vous imaginez que vous décevrez vraisemblablement tout le monde et que vous vous couvrirez de ridicule.

Votre partenaire vous quitte brusquement. Ou vous êtes licencié. Ou vous perdez votre maison. Vous êtes sous le choc, furieux, mortifié. Et tôt ou tard, effrayé.

Tous ces états d'âme se basent sur votre vérité imaginaire, qui affirme que c'est « mauvais », que vous allez être malheureux, que des tribulations vous attendent, ou quoi que ce soit d'autre.

Il est tout naturel d'éprouver cette peur. Devant le changement que vous vivez, il faut s'y attendre. Il ne faut pas en avoir honte. Cette peur est tout à fait normale. C'est ainsi que l'on nous a éduqués. On nous a raconté que la peur existe, qu'elle est bien réelle.

Selon la vérité factuelle, cette chose, la peur, n'existe pas. À dire vrai, il n'existe qu'une seule émotion. Toute autre expression n'est que réemballage. Une seule émotion, une énergie unique, existe dans l'univers : l'énergie ou l'émotion que nous appelons l'amour. Lorsque vous connaissez ce dernier, tout change.

Tout cela peut vous sembler un peu farfelu, nouvel âge, mais quand vous saurez pourquoi seul l'amour existe, tout deviendra clair et vous sentirez que votre vie est — oserai-je employer ce terme ? — guérie. N'oubliez pas que l'expérience est le produit de l'émotion. Par conséquent, le fait de comprendre que tout est une manifestation de l'émotion qu'on appelle l'amour transformera votre expérience de la vie dans son ensemble.

Malgré tout, comment le changement peut-il être une manifestation de l'amour ? Ne venons-nous pas de dire à l'instant que la peur est l'émotion généralement éprouvée devant le changement — même un changement pour le mieux ? Suis-je sérieusement en train de suggérer que la peur n'existe pas ?

Eh bien, oui. C'est exactement ce que j'affirme. Car (et voici une révélation puissante) la peur est une expression de l'amour.

Si vous n'éprouviez pas d'amour pour vous, vous ne craindriez pas pour votre vie, vous n'auriez peur de rien, car vous seriez indifférent à ce qui vous arrive. Vous vous ficheriez de survivre ou pas. L'instinct de survie est l'expression d'amour de la nature. Si vous n'aimiez pas l'autre, vous ne craindriez pas pour lui, vous ne redouteriez pas ce qui pourrait lui arriver, car vous seriez indifférent à ce qui se passe.

Simple, n'est-ce pas? Ainsi, suivant une logique infaillible, nous constatons que la peur et l'amour ne sont qu'une même chose qui s'exprime différemment. De même, toute autre émotion est de l'amour sous une forme autre. Il n'existe qu'une seule émotion. Cette émotion est l'amour revêtant mille visages. Voilà la vérité factuelle. Lorsque nous développerons ce point un peu plus loin, le concept s'expliquera plus complètement. Votre aptitude à assumer le changement paisiblement fera alors d'immenses progrès.

Pour l'instant, toutefois, suivons ma suggestion. Examinons deux des trois types de vérités : la vérité apparente et la vérité imaginaire. Cette analyse est importante, car elle représente la clé de tout.

Ainsi, comme je le mentionnais, la plupart des gens habitent leur vérité imaginaire face à des bouleversements; ils sont captifs de cette vérité qui découle de leur passé. Cette vérité donne naissance à une pensée, d'où s'éveille une émotion produisant une expérience qui a toute l'apparence de la réalité. Mais elle s'avère être une réalité déformée.

Voilà qui nous ramène au point où vous êtes peut-être en ce moment.

En raison de ce que vous venez de vivre — ce changement gigantesque qui vous a été infligé et que vous n'auriez jamais choisi, cette situation sortie de nulle part —, vous êtes furieux, triste, frustré, déçu, désillusionné ou tout cela à la fois… Et tout ça parce que vous avez peur. Et vous avez peur parce que vous « êtes amoureux ». Vous êtes « amoureux » de vous-même (même si vous croyez ne pas l'être) et de la vie (même si vous l'abhorrez pour l'instant).

Vous craignez d'échanger un passé que vous connaissiez pour un avenir que vous ignorez. Vous redoutez ce qui vous attend. Vous craignez la tournure possible des événements. Et vous appréhendez de ne plus jamais retrouver ce genre de situation (ce type de boulot, ce genre de personne, ce style de maison) ; vous craignez de ne plus jamais connaître cette variété d'expériences.

Eh bien, vous ne retrouverez peut-être plus jamais ce type de situation, mais vous connaîtrez peut-être bien ce genre d'expérience encore une fois. (Par exemple, vous ne retrouverez plus jamais le même conjoint, mais vous revivrez la même expérience, la même joie et le même bonheur, avec une autre personne. Tout dépend de ce à quoi vous accordez foi : la vérité imaginaire ou la vérité apparente.)

N'oubliez pas : l'expérience du bonheur n'a rien à voir avec une situation donnée. Le fait est difficile à admettre, car nous sommes persuadés que le bonheur dépend de circonstances extérieures. Il n'y a pourtant aucun lien entre les circonstances extérieures et les expériences intérieures, sauf dans votre tête.

En l'occurrence, votre capacité à connaître la joie n'a rien à voir avec une personne ou avec un lieu de travail. Vous croyez simplement qu'elle a à voir avec tout ça. La vérité apparente et la vérité imaginaire ne sont pas identiques. Jamais.

Jamais.

Les événements ne sont pas porteurs de significations intrinsèques. Les événements sont les événements, et leurs significations sont des pensées. Rien n'a le sens que vous lui accordez. Et le sens que vous attribuez aux choses ne découle d'aucun événement, d'aucune circonstance, condition ou situation extérieure à vous. L'attribution d'un sens est un processus interne.

Entièrement.

Percevez votre Soi sous une forme lumineuse
plus vaste encore que le souffle.
Plus vaste encore que le Tout.
Plus sereine encore que le silence qui vous enveloppe.
Percevez votre Soi comme étant chéri
plus tendrement que jamais auparavant, plus pro-
fondément même que l'obscurité.
Lorsque votre corps de lumière respire sans frontières,
qu'il ne connaît pas
même le concept de limite
ni la limite.
Quand vous percevrez votre Soi
seulement comme une Lumière appelant le mystère
pour qu'il passe en vous,
instrument exquis et innocent de la longue,
longue éternité du chant,
alors connaissez-vous comme le plus grand rire de la vie,
le plus grand amant de la vie, appelant le mystère…
Viens ici !

– « Know Yourself as Light » © 2006 Em Claire

10

TOUT SUR LES RÉPERCUSSIONS

Nous avons abordé la technologie de la pensée — ce que je nomme la mécanique de l'esprit. Et cette analyse va plus loin qu'une simple promenade du côté de la philosophie. Si vous comprenez à fond le fonctionnement de votre esprit, vous savez comment l'amener à travailler pour vous.

Il y a une chose à laquelle votre esprit — ou plutôt votre ego — se refuse d'emblée. Ce dernier est l'aspect de votre esprit qui est persuadé que vous êtes votre esprit. Et il sait qu'une fois que vous vous figurerez comment fonctionne l'esprit, vous saurez clairement que vous n'êtes pas celui-ci. Et ce savoir entraînerait une déconstruction de l'ego dans sa forme actuelle.

Parce que l'ego le sait, il multipliera ses efforts pour en détourner votre esprit. Quelque part au cours des chapitres qui suivent, par exemple, il cherchera à vous faire croire que cette exploration vous assomme au plus haut point. Que la longueur de l'explication vous agace ou qu'elle vous frustre parce que même après avoir pataugé dans cette explication, vous n'avez toujours pas en main ce qu'il vous faut pour transformer la manière dont vous vivez le changement.

Observez donc votre ego à l'œuvre qui cherche à vous pousser à abandonner la lecture de ce livre, à renoncer à cette piste. S'il y parvient, ce ne sera pas la première fois qu'il s'avérera être votre pire ennemi.

Un peu comme Pogo, ce merveilleux personnage de bandes dessinées créé par feu Walt Kelly et qui disait toujours : « Nous avons rencontré l'ennemi. C'est nous ! »

Permettez-moi ici d'expliquer ce qu'est l'ego et ce qu'il n'est pas. L'ego est l'aspect de votre esprit qui établit la distinction entre vous et tout le reste. Il fait partie intégrante de la technologie de la pensée. C'est lui qui concocte une pensée, mais également l'auteur de cette pensée.

Dès lors, c'est l'un de vos dons les plus précieux, car il vous permet de « vous » vivre en tant que « vous » et pas en tant que n'importe qui ou n'importe quelle chose. La vérité factuelle, c'est que vous ÊTES chaque être et chaque chose. Mais cette partie du Tout qui s'est baptisée « vous » doit être en mesure de se vivre séparément, à défaut de quoi il lui sera impossible d'accomplir ce pour quoi elle a pris forme. Elle ne peut faire l'expérience de ce dont elle est venue faire l'expérience. Voilà pourquoi elle s'individualise — et l'ego est l'instrument par lequel elle y parvient.

L'ego sait que celui ou celle que vous êtes vraiment est plus vaste que le fragment de conscience de soi résidant uniquement dans votre esprit. En cela, l'ego est un don précieux, un mécanisme merveilleux et un instrument formidable. Pourtant, il peut se déchaîner, et quand cela se produit, il prend l'allure de l'un de ces ordinateurs emballés dans les films de science-fiction qui se met à croire qu'il est votre maître, non que vous êtes son propriétaire.

Si votre ego perd tout contrôle, non seulement il continue à jouer son rôle consistant à vous démarquer de tout le reste, mais il vous sépare de votre Soi. Il vous laisse croire que vous êtes lui, non qu'il n'est qu'une partie de vous. Confus quant à son rôle, il s'imagine devoir vous protéger de la connaissance de votre Soi.

Ainsi, lorsque votre ego tente de vous donner l'impression que vous vous embêtez ou que ce discours traîne en longueur, c'est le signal qui vous indique qu'il est temps de sortir de votre mental. Il faut vous en extirper pour comprendre la mécanique de l'esprit et le système de l'âme. Contentez-vous alors de vous éloigner de vos pensées tout en poursuivant votre lecture. Vous entendrez les suppliques incessantes de votre ego vous enjoignant de laisser tomber tout ça, mais n'y prêtez pas attention.

J'ai mentionné que l'expérience n'est pas un phénomène extérieur, mais intérieur. Voilà pourquoi les gens vivent diverses expériences à partir d'un même événement. L'expérience de chacun est analogue uniquement lorsque les gens n'ont pas le temps de réfléchir.

Oups! attendez un instant... C'est une idée intéressante.

Lorsque les gens n'ont pas le temps de réfléchir, ils deviennent identiques. Ils sont enclins à réagir plutôt qu'à répondre — par exemple, lorsqu'ils paniquent. Il est presque impossible de susciter une panique collective si les gens gardent leur sang-froid et font une pause pour réfléchir.

Lors de la rédaction de cet ouvrage, des oiseaux volèrent dans le moteur d'un avion de la US Airways qui décollait de l'aéroport de New York, ce qui eut pour effet de mettre l'appareil hors service. Cet avion de ligne, piloté par un véritable héros, le capitaine Chesley B. « Sully » Sullenberger, fut contraint de se poser sur le fleuve Hudson. Après un amerrissage d'urgence impeccable, les 155 passagers furent recueillis par des bateaux des alentours. Tous survécurent. On déclara que c'était un miracle. Les survivants s'exprimèrent en toute candeur. C'était tout simple, à leur avis. Personne n'avait paniqué. Chacun avait gardé son sang-froid. Tous avaient répondu, pas réagi.

Quelques semaines après l'incident, dans un article du magazine *Newsweek*, le capitaine Sullenberger exprima son point de vue personnel : « Nous n'avons pas renoncé. Le fait d'avoir un plan nous a permis de garder espoir. De la même façon, ceux qui vivent une crise personnelle — un avis de licenciement, une saisie — peuvent se souvenir que peu importe l'acharnement du sort et le peu de temps pour l'assumer, il est toujours possible d'agir. Même les situations les plus épineuses présentent toujours une issue. Vous pouvez survivre. »

Merci capitaine! Vous avez cerné l'essence de ce livre en un seul paragraphe. Super. La réponse ici, dans toute situation malvenue et éprouvante où tout change rapidement, c'est de faire une pause pour réfléchir. À propos, le processus ne demande pas beaucoup de temps. Quelques secondes tout au plus. Votre esprit est un instrument formidable. En quelques nanosecondes, il peut soupeser les diverses options qui s'offrent à vous et vous fournir une réponse. Il faut tout de même du temps. Une réponse exige du temps, alors qu'une réaction est spontanée.

Naturellement, il ne vous sera d'aucune utilité de marquer une pause pour réfléchir si vos pensées s'inspirent de la vérité imaginaire.

Vos réponses ne seront pas beaucoup plus évoluées que des réactions primaires. Si les passagers de ce vol avaient imaginé qu'ils étaient fichus, que c'était la fin, qu'ils allaient mourir, que même si l'avion se posait sans heurt sur l'eau, il allait couler à pic, etc., la panique se serait emparée d'eux. On ne peut que louanger le capitaine et l'équipage de cet avion qui ont gardé les passagers calmes, posés et sereins.

Le stratagème consiste donc à élever votre conscience du plus bas niveau de perception au plus haut, peu importe ce qui se passe autour de vous. N'oubliez pas, les réactions sont instinctives, mais les réponses sont réfléchies, c'est-à-dire des pensées évacuées.

Vos pensées n'ont pourtant ni forme ni substance. Ce ne sont même pas des volutes de fumée. Elles sont moins encore que de la fumée. Ce sont simplement des idées que vous entretenez. Comment donc gérer cela ?

Le plus drôle avec les pensées, c'est qu'elles n'ont pas à être valides pour paraître réelles. Dans la sphère de la pensée, votre esprit ne sait pas discerner ce qui est réel et ce qui est imaginé, ce qui se passe maintenant et ce qui se passait autrefois, ce qui est vrai dans les faits et ce qui est de toute évidence fallacieux.

Ainsi, quand vous regardez un film d'épouvante, votre esprit enregistre ces impressions comme étant réelles et ordonne à votre corps de réagir de manière appropriée. Votre cœur bat la chamade, votre respiration s'accélère, vous transpirez. Par ailleurs, vous voyez une photo sensuelle et votre corps y répond — bien que vous sachiez que l'image n'est qu'une photo. C'est ce que votre esprit fait des données qui engendre votre réaction. Ce ne sont pas les données en soi. L'événement et votre réalité ne sont pas identiques.

Votre esprit est un véritable mécanisme similaire à un ordinateur. Votre portable n'a que faire des choses, il ne réagit qu'aux entrées et à ce que l'on y a entré antérieurement. Les spécialistes en informatique se servent d'un acronyme célèbre : GIGO. Ce dernier signifie « Déchets entrants, déchets sortants [*Garbage In, Garbage Out*]. »

Votre esprit opère exactement de la même manière. Il réagit automatiquement à ce que vous lui fournissez. Si vous introduisez des données erronées (non fondées sur la réalité observée ou la réalité ultime), votre esprit tire des conclusions incorrectes.

Et si vous basez votre réaction sur de telles conclusions, vous vous dirigez droit vers des enfers émotionnels. (Vous y êtes peut-être déjà.)

Vous vous empêtrerez dans des pensées qui n'ont rien à voir avec la vérité. Et peu vous importera, car vous ne saurez pas que vos pensées sont fausses.

Jusqu'à ce que vous le découvriez.

Voilà ce sur quoi porte cette conversation. Ici, il s'agit de réitérer, de répéter les mêmes choses; nous entrons les mêmes données. Votre esprit ne réagit pas automatiquement aux données que vous y entrez. Ce livre cherche donc à y introduire ce à quoi vous voulez qu'il réagisse automatiquement.

Je viens d'affirmer que si vous introduisez des données erronées dans votre esprit (des données non fondées sur la réalité observée ou la réalité ultime), votre esprit tire de fausses conclusions. L'inverse vaut également. Si vous entrez des données exactes dans votre esprit (des données basées sur la réalité observée ou la réalité ultime), votre esprit parviendra à des conclusions avérées. Cela libérera votre existence de toute forme de chagrin, d'angoisse, de tourment, de souffrance, de colère, de peur. Suivez-moi encore un peu. Ma mère disait toujours : « Ma folie a sa méthode. » Tout cela prendra son sens rapidement et vous apercevrez l'élégance du concept, de la perfection de l'ensemble, lorsque vous affronterez des bouleversements.

(Si vous avez des questions ou si vous désirez des précisions sur un point, je vous invite à vous rendre au www.changingchange.net pour découvrir ce que vous avez besoin de savoir. N'oubliez pas, il s'agit d'une exploration conjointe. Contrairement à la plupart des livres où vous lisez et vous « captez » ou pas, il s'agit ici d'une littérature nouveau genre. D'une littérature vivante. Pour l'amour du ciel, ne vous acharnez pas si vous vous sentez désorienté et si vous avez besoin d'aide!)

Vos pensées donnent naissance à vos émotions. Nous avons solidement établi ce point. Vous êtes donc l'auteur de vos émotions. Voilà une autre information capitale. Je ne le répéterai jamais assez.

La plupart des gens ne pensent pas être les auteurs de leurs émotions. Ils croient que celles-ci apparaissent simplement, tels des flocons de neige ou la pluie tombant du ciel. Les gens déclarent souvent avoir été « en proie à l'émotion ».

En vérité, les émotions sont des choix. L'esprit décide d'éprouver ceci ou cela. Les émotions sont un acte de volonté.

Ouf! cette idée n'est pas facile à accepter. Elle est même difficile à admettre. Si vous l'acceptez, vous êtes subitement responsable de tout ; de ce que vous éprouvez, de vos comportements envers les autres -conséquemment à vos émotions. Du coup, quand les gens entendent cette idée, ils cherchent à se défiler.

(« Il doit y avoir certains cas où je ne suis pas responsable de ce que je ressens. Je comprends que je suis responsable de ce que je fais de mes sentiments, mais pour mes sentiments en soi ? Allons ! Impossible que j'en sois l'auteur. Je ressens ce que je ressens, tant pis, c'est ma vérité. »)

Vous êtes-vous déjà raconté une version de l'opinion exprimée ci-dessus ? La race humaine n'évoluera jamais si nous ne concevons pas le rôle que nous jouons tous dans la création de nos émotions. Je le répète : les émotions sont des choix. L'esprit décide d'éprouver ceci ou cela. Les émotions représentent un acte de volonté.

Je vous concéderai toutefois ceci : votre esprit opère avec une telle rapidité qu'il peut vous sembler que vous n'avez aucun contrôle sur vos émotions.

Votre cerveau fonctionne plus rapidement que le plus rapide des ordinateurs jamais conçus. (Ce ne sera peut-être plus ainsi dans quelques années, mais pour l'instant, ça l'est toujours… je pense.) Votre esprit passe très rapidement à une émotion issue de la pensée qu'il vient de formuler. Voilà ce que veulent dire les gens lorsqu'ils déclarent qu'ils ont été très émus. Et ils l'étaient vraiment. La pensée est énergie et le rôle de votre esprit est de mouvoir l'énergie (é+motion).

Puisque cela se produit à la vitesse de l'éclair, il devient crucial de connaître d'abord la réponse à cette question désormais primordiale : Qu'est-ce qui génère la pensée créant l'émotion ? D'où émane la pensée ?

Si vous êtes en mesure de l'expliquer, vous êtes vraisemblablement capable de modifier votre pensée. Et si c'est le cas, vous pouvez susciter une émotion différente qui engendrera une expérience différente. Bien que l'esprit fonctionne à toute vitesse, il n'agit qu'avec les données qu'il reçoit. Déchets entrants/déchets sortants !

Assurément.

Car créer une expérience différente de celle que vous vivez en ce moment est précisément ce que vous cherchez à accomplir. Je vous ai promis que tout retournerait vers vous, à ce qui vous arrive, ici même, dès maintenant.

Qu'est-ce donc qui engendre la pensée donnant naissance à l'émotion ? D'où la pensée provient-elle ? De votre vérité intérieure. Et d'où vient votre vérité intérieure ? De données antérieures. En connaissant ce processus au préalable, pouvons-nous modifier la pensée qui engendrerait vraisemblablement une émotion malvenue ?

Probablement pas. Peut-être dans de rares cas, mais pas la plupart du temps sans doute. Car tout se déroule trop rapidement. Trop foutrement vite. Même le fait de savoir avant le processus pourquoi il survient ne peut l'empêcher de se produire avant que vous vous en aperceviez. (Littéralement !) Du moins, pas si vous n'êtes pas un maître authentique. Pas si vous n'êtes pas Sa Sainteté le dalaï-lama ou une personnalité du genre.

(Je ne me moque pas de lui. Il est vraiment un Maître. Mais combien de gens sont-ils comme lui ?)

En somme, à quoi rime tout cela ? À quoi bon cette discussion, cette analyse, cet examen dans tous les sens ? Excellentes questions. Tout à fait excellentes. Et importantes au point que je crois qu'il serait opportun, avant de poursuivre, de vous accorder un…

… espace pour souffler.

Respirez à fond ce que vous venez de lire, puis voyez si vous souhaitez poursuivre ou si vous préférez méditer encore pendant un moment et me retrouver un peu plus tard.

Si vous êtes prêt à continuer, passez à…

C'EST APRÈS, PAS AVANT

Bien que vous ne soyez pas capable de vous servir de mes paroles pour maîtriser votre pensée avant le coup, celles-ci ont pour but de vous munir d'un outil extraordinaire, d'un procédé très puissant avec lequel modifier vos pensées *après coup*. En vérité, presque instantanément après le coup. Et c'est presque aussi génial que d'y parvenir avant.

Songez-y. N'auriez-vous pas aimé pouvoir modifier en quelques minutes ou quelques secondes la plupart des pensées qui ont engendré les émotions négatives que vous avez éprouvées au cours des vingt dernières années si vous aviez pu les transformer sur-le-champ en des pensées plus optimistes et bienfaisantes ? Ne croyez-vous pas que cela aurait changé quelques passages importants de votre vie ?

Songez-y maintenant pour l'avenir, voire pour le moment présent que vous vivez. Ne serait-il pas merveilleux d'être capable de rendre positives les émotions négatives dès maintenant et chaque jour du reste de votre vie, même si c'était après qu'elles se sont manifestées ?

Au début de ce livre, je vous ai promis — et j'étais sincère — que lorsque vous en aurez terminé avec ce bouquin, vous serez en mesure de transmuer la peur en enthousiasme, l'inquiétude en émerveillement, l'attente en anticipation, la résistance en acceptation, la déception en détachement, la rage en engagement, la dépendance en préférence, l'exigence en satisfaction, le jugement en observation, la tristesse en joie, la pensée en présence, la réaction en réponse et une période tumultueuse en une ère de quiétude.

Je ne prétends pas que vous ne ressentirez plus jamais la peur, l'inquiétude, la déception, la tristesse ou le tourment. J'affirme seulement que vous serez capable de les transformer. Concrètement. Et promptement. Dès qu'ils surgiront. Vous les verrez apparaître et vous les transformerez aussitôt.

Ou vous pouvez prendre votre temps. Comme le suggère le guide spirituel Mary O'Malley, vous pouvez vous contenter d'observer une émotion avec simple curiosité et voir la sensation qu'elle induit. Puis vous attarder autant que vous le désirez sur celle-ci et sur la réalité déformée qu'elle génère. Vous êtes parfaitement maître de vous-même. Vous savez déclencher l'effet voulu. Après avoir ressenti la première montée de l'émotion, la manière dont vous préférez qu'elle vous influence n'en tient qu'à vous.

Et en passant, faites-vous confiance à ce sujet. Vous saurez quand vous en aurez terminé avec une expérience. Quand votre période de deuil sera finie. Quand votre moment de colère sera passé. Quand le voile de chagrin pourra être levé. Quand votre peur pourra s'apaiser. Quand votre tristesse aura trouvé son terme.

Encore une fois, soit vous déciderez d'interrompre toute émotion négative quelques instants seulement après que les premières impulsions de cette énergie auront déferlé sur vous, soit vous prendrez des semaines, des mois, des années pour y parvenir. (Nous connaissons tous des personnes aigries depuis des décennies en raison d'un événement passé.) Mais là, au moins, vous ne prétendrez pas n'avoir aucun contrôle sur ces émotions, sur les pensées qui les engendrent, sur votre expérience de la vie, sur la réalité où vous vous retrouvez.

Au fil des ans, j'ai réduit mes sentiments de colère et de frustration à environ douze à quinze minutes. Après quoi, je les largue tout simplement. La tristesse dure un peu plus longtemps. Parfois une demi-heure ou plus. La peur subsiste plus encore. Je peux traîner avec celle-ci ou l'éprouver épisodiquement pendant des jours sans fin si je ne fais pas attention. Et je peux me livrer à la mélancolie, comme état d'âme permanent, à la moindre incitation. (Elle est trop marrante pour que j'y renonce.)

Pourquoi ? Je m'accroche aux expériences qui me servent, et uniquement tant qu'elles me servent. Comment savoir qu'elles ne me servent plus ? Mon compteur de bonheur m'en informe.

Je me connais assez bien, voyez-vous. Je peux en effet être heureux tout en étant furieux — et je suis prêt à l'admettre. J'arrive à sourire tout en étant triste, et je l'admets. À certains moments, il est agréable d'être misérable. Une vague excitation accompagne un certain type de colère. (L'indignation est l'une de mes préférées.) Toutefois, quand le fait de me sentir misérable devient désagréable, je cesse. Je ne me nuirais pas délibérément.

Vous n'avez pas à vous nuire non plus. Penchez-vous donc sur le cours actuel des événements et voyez ce que vous éprouvez. Tant que vous appréciez les sentiments qui s'élèvent en vous, tant que vous en tirez un certain bénéfice, que vous prenez plaisir à votre expérience, elle vous sert. (Il s'agit de savoir si vous êtes capable de l'admettre, même à vos yeux.)

Dès que vous savez de façon claire que vous en avez assez de vous sentir ainsi, quand vous vous surprenez à songer : « J'en ai assez de cela. J'en ai terminé avec tout ça. Je n'en veux plus ! », faites appel aux outils décrits au fil de ces pages pour y mettre un terme. Instantanément.

Voilà le don que vous vous accordez ici.

Ne vous trompez pas. Vous vous êtes amené à ce livre. Vous l'avez ouvert. Et c'est vous qui avez persisté au fil de ces explorations profondes. Vous l'avez fait. Vous vous êtes accordé ce don. Félicitations. Vous en aviez besoin. Vous le méritiez. Et vous l'avez trouvé.

Je vais maintenant vous indiquer avec précision comment tout cela s'applique concrètement à votre vie. Pas sur papier. Pas en paroles. Mais à la vie de tous les jours.

Ils ne cherchent à rien réaliser de grandiose.
Ils jouent tous les trois :
noir et poussiéreux,
tacheté au regard pétillant,
élancé et inquisiteur.
Tous les matins, le jeu se poursuit.
Ils se tiraillent dans un sens puis dans l'autre
tout au long du jour.
S'il est assis, s'il se gratte et contemple l'horizon
au-delà des vallées,
elle lui apporte un vieux morceau de chapeau,
un tuyau d'arrosage
ou le dernier quart d'une balle de plastique
et le dépose à ses pieds.
Si celle aux yeux de couleur lunaire
s'allonge dans le lierre, le soleil sur les côtes
et des feuilles dans les oreilles,
l'autre l'attaquera au milieu de son rêve,
mordillant, tiraillant son cou et sa queue.
C'est d'un pur génie et plein de cœur
Trois chiens vivant le Mystère
à chaque instant qui glisse comme l'eau
au travers de mon attachement.

– «Three Dogs Knowing» © 2005 Em Claire

11

REMARQUER L'INSTANT PRÉSENT

Je vais vous apporter la preuve que chacun est capable d'adopter une vérité intérieure nouvelle à propos de tout et de n'importe quoi. Je vais vous démontrer comment il est possible de vous élever de la vérité imaginaire à la vérité apparente en quelques minutes.

Vous pouvez faire appel à cette technique avant l'avènement d'une situation (comme lorsque vous avez conscience d'aborder une situation susceptible de se produire) ou après (ce qui sera le cas la plupart du temps, à mon avis).

Pour ennoblir votre vérité intérieure, il importe de changer de perspective, et c'est plus facile que ne le pensent la plupart des gens. Cela peut même se faire très rapidement.

Pour les besoins de ma démonstration, je ferai appel ici à un exemple tiré de l'un des ateliers « Tout changer » que j'offre partout dans le monde. Dans cet atelier, j'emploie un procédé que je nomme « Remarquer l'instant présent ». (Il s'agit de l'un des procédés que j'ai inventés pour conduire l'esprit à un niveau de conscience nouveau.)

Ce procédé éveille l'esprit et lui permet de redémarrer le processus de pensée en l'invitant à remarquer qu'alors, ce n'est pas maintenant, et que maintenant, ce n'est pas demain. Maintenant, c'est maintenant. Autrement dit, on convie l'esprit à prêter attention à ce qui apparaît spontanément, plutôt qu'à ce qui est imaginé.

Ce procédé démontre à l'esprit que mis à part les faits actuels, rien ne se passe. Il lui enseigne à cesser d'y ajouter des éléments. Les données qui sont dès lors considérées se limitent aux données observées, directement manifestes. Voilà qui donne un nouveau point de départ à la pensée : la vérité apparente.

De cette pensée nouvelle naît une émotion autre, laquelle engendre une expérience différente, la réalité observée, qui se substitue à la réalité déformée, source de tant de perturbations intérieures. Toute cette métamorphose survient à l'intérieur de la personne. Rien n'a changé à l'extérieur.

Je fais appel à ce procédé quand je constate qu'un participant à mon atelier se sert constamment d'un point de départ erroné pour développer sa pensée sur ce qui se passe dans l'instant, engendrant ainsi une expérience déformée du moment présent.

Voici quelques exemples classiques. Des participants à une retraite ou à un atelier se mettent en colère parce que quelque chose a changé dans la pièce. Ils sont venus à l'atelier en étant pleins d'enthousiasme, heureux d'y participer et remplis de l'attente de vivre une expérience puissante. Soudain, quelque chose arrive. Quelque chose change. Une personne n'apprécie pas mes propos. Ou on décèle en moi un trait qui irrite quelqu'un. L'humeur dans la pièce s'obscurcit. C'est perceptible dans l'air. Le changement est tangible. Il est palpable et bien réel.

Il suffit qu'un participant éprouve des sentiments négatifs pour que l'énergie s'altère dans la pièce. Tôt ou tard, ce participant lancera : « Je n'aime pas ce qui se passe ici. » Sur quoi je l'interroge : « Et à votre avis, qu'est-ce qui se passe ici ? »

Ma question lui paraîtra souvent étrange. J'explique que plusieurs personnes éprouvent des difficultés à remarquer l'instant. De ce fait, quand je demande ce qui se passe dans le présent, elles ne savent que répondre.

Je m'adresse donc à ce participant : « Vous avez mentionné que quelque chose vous dérange. Qu'est-ce qui se passe en ce moment selon vous ? »

Il répondra peut-être : « Eh bien, votre ton devient cassant et très autoritaire » ou quelque chose du genre.

J'enchaîne donc : « Est-ce ainsi que vous percevez ce que je fais ? Et même si c'est ce que je fais, et alors ? »

« Je ne suis pas à l'aise », réitérera-t-il.

Alors, je l'invite à venir à l'avant de la pièce et je lui demande : « Aimeriez-vous guérir cela ? » Il répondra quelque chose du genre : « Guérir quoi ? Je me porte parfaitement bien. C'est vous qui vous conduisez comme un imbécile. »

La salle s'esclaffe et moi de même, car à chaque retraite quelqu'un s'en prend au facilitateur. Je reprends donc : « Eh bien, peut-être pouvez-vous me guérir. Seriez-vous disposé à me prêter main-forte ? À m'aider à être moins imbécile ? »

À ce moment, il sourit aussi : « D'accord », concède-t-il.

Je m'exclame donc : « Formidable ! Je vous en remercie ! Tentons donc quelque chose. Joignez-vous à moi. »

Ce qu'il fait. Avec méfiance, ajouterai-je, mais il s'approche — car les gens que j'ai rencontrés sont disposés à prendre part au jeu. La plupart sont assez courageux. Et intrépides. En vérité, vous l'êtes aussi. Vous savez comment je le sais ? Parce que vous lisez ce livre à l'instant même. Seule une personne téméraire sur le plan émotif le ferait. Et c'est vous, sinon vous n'étudieriez pas le matériel que nous abordons ici. Merci donc d'être ici avec moi.

C'est exactement ce que je déclare à la personne qui s'est avancée à l'avant de la pièce. Je lui dis : « Merci d'être ici avec moi. » Et j'ajoute : « Je vais vous demander de remarquer l'instant présent. »

D'habitude, la personne répond alors par une question : « Je ne sais pas ce que cela signifie. Que voulez-vous dire ? »

« Examinez étroitement ce qui se passe en ce moment, ici dans la pièce, tandis que vous êtes debout à mes côtés. Le procédé est tout à fait sans danger. Puis-je m'y livrer avec vous ? Ai-je votre autorisation de m'y adonner avec vous ? »

Je lui précise que ce procédé sera peut-être révélateur ou même surprenant, mais qu'il n'est en rien nuisible. Si la personne accepte de s'y livrer, voici ce qui se passe.

L'extrait provient de la transcription d'une interaction avec une dame vaguement dégoûtée, agacée serait peut-être plus juste, par mon énergie.

Moi : Êtes-vous certaine de vouloir poursuivre cette démarche ?

La participante : Oui, je le suis.

Moi : Absolument sûre ?

La participante : Oui, tout à fait certaine.

Moi : Et vous ne vous mettrez pas en colère contre moi, peu importe ce qui se passe, tant que je ne vous ferai pas mal ?

La participante : Non, je ne serai pas furieuse contre vous. Pas plus que je ne le suis maintenant. *(La salle rigole.)*

Moi : Parfait. Donc, à mesure que je vous parle de ce procédé, je veux que vous compreniez que rien ne va se passer qui… AAARG !! RAAAAAHHH ! Je lui hurle au visage.

J'ai hurlé très fort, à quarante centimètres d'elle. Moins, en réalité. Je me suis approché de son visage et j'ai balancé quelque chose, un son soudain, une vocifération.

Elle a naturellement bondi en arrière, sidérée, les larmes aux yeux.

J'ai poursuivi doucement : « Que vient-il de se passer ? »

Elle m'a regardé comme si j'arrivais de Mars, encore un peu larmoyante et tremblant légèrement. J'ai répété tout doucement : « Remarquez l'instant. Que vient-il de se passer ?

– Vous m'avez fait peur.

– Non, non, non, vous vous êtes fait peur. Qu'ai-je fait ? Vous vous êtes fait peur. Qu'ai-je fait ?

– Vous m'avez crié dessus. Vous vous êtes approché et vous m'avez hurlé au visage.

– D'accord. Ça ressemble à quoi pour vous ? Que s'est-il passé précisément ? Quelle est votre observation des faits, contrairement à ce que votre esprit s'imagine qu'il s'est produit ? Qu'est-ce qui est apparent ici, contrairement à ce que vous imaginez ?

– Je n'ai rien imaginé ! Vous vous êtes approché de moi et vous m'avez hurlé au visage ! Vous m'avez fait une peur bleue !

– Non, je ne vous ai pas fait peur. Vous vous êtes fait peur. Le danger, c'était la réalité déformée. Mais à quoi ressemblait la réalité observée ?

– Je ne comprends pas où vous voulez en venir. Je ne sais pas ce que vous voulez que je réponde.

– Qu'avez-vous perçu ? Qu'avez-vous observé ?

– Une voix tonitruante, un son fracassant m'a percé le tympan.

– Bien. Et quoi d'autre ?

– J'ai senti votre souffle. Vous étiez si proche que j'ai senti votre souffle sur mon visage.

– Bien. Nous y arrivons. Vous ai-je touchée ?

– Non.

– Vous ai-je blessée physiquement ?

– Non.

– Donc, ce qui s'est passé, c'est que votre oreille a perçu un bruit violent et que vous avez senti un souffle sur votre visage. Est-ce bien là ce qui s'est passé ?

– Oui.

– Et alors ? Pourquoi serait-ce terrible ? Si cela vous a pétrifiée l'espace d'un instant, c'est normal. Le bruit du tonnerre surprend, mais après le sursaut initial, qu'est-ce qui, en soi, entraînerait un traumatisme quelconque ?

– Vous ne comprenez pas. Vous m'avez fait une peur bleue.

– Mais vous vous êtes mise à pleurer. Vous avez fondu en larmes.

– Oui ! Parce que vous m'avez fait une peur bleue !

– Non, vous vous êtes fait peur. Mais n'argumentons pas sur ce point. Permettez-moi plutôt de vous demander si vous avez déjà sursauté au bruit d'un coup de tonnerre au beau milieu de la nuit.

– Oui, bien sûr. Je suis certaine que nous l'avons tous fait.

– Bien. Et lorsque cela s'est produit, avez-vous fondu en larmes ?

(Silence. Puis…)

– Non.

– D'accord. Nous sommes donc en mesure d'établir que la réaction de surprise à la suite d'une chute, d'un coup de tonnerre ou d'un événement soudain quelconque est naturelle lorsque l'on ne s'y attend pas. Malgré tout, seuls les bébés pleurent à cause du tonnerre, car ils ignorent ce qui se passe. Vous ne pleurez pas lorsque vous entendez le tonnerre, même s'il vous fait sursauter. Pourquoi ? Parce que vous savez ce qui se passe. Votre esprit se tourne vers l'apparence des choses. Pas vers la vérité imaginaire, mais vers la vérité apparente. Une fois cet abasourdissement passé, qu'est-ce qui induirait un traumatisme ? »

À cet instant, j'ai entrevu une lueur de compréhension sur le visage de la participante. J'ai poursuivi.

« Le trauma que vous vivez d'un instant du présent se constitue d'ajouts que vous lui apposez, des ajouts provenant d'ailleurs, pas d'ici et maintenant. Vous allez chercher quelque chose qui n'a aucune réalité, par exemple "hier". Votre esprit se souvient : mon père m'a fait une telle chose quand j'avais six ans. Vous ramenez hier à l'instant présent. Videz le réservoir des données antérieures ; laissez tout cela s'en aller. Tarissez l'instant présent de l'hier. Pouvez-vous y arriver ?

(Pause. Puis...)

– Oui, je crois pouvoir le faire — comment saviez-vous à propos de mon père ?

– J'ai deviné. Ça aurait pu être n'importe quoi. Le fait est que votre esprit a appliqué un événement du passé à l'instant présent et que cette pensée a engendré l'émotion qui a donné naissance à l'expérience, à la peur bleue. Maintenant, examinez encore une fois le moment qui vient de passer, ici même dans la pièce. Que s'est-il passé ? Qu'avez-vous constaté ?

– J'ai perçu un son retentissant, une voix si forte qu'elle m'a fait sursauter. J'ai senti un souffle sur mon visage. Je me suis sentie menacée.

– Bien. C'est une bonne observation. Vous travaillez bien. Maintenant, dites-moi si vous avez peur de moi. Croyez-vous qu'en tant que facilitateur de cette retraite, je peux vous faire mal de quelque façon ?

– Non. Probablement pas.

– Probablement pas ?

– Assurément pas. Non, vous n'allez pas me faire de tort.

– En êtes-vous certaine ?

– Oui.

– Alors pourquoi vous sentir menacée ?

– Parce que vous me rappelez mon père, qui me faisait mal lorsqu'il hurlait comme ça. »

Ici, il y eut une longue pause. Elle l'avait déjà remarqué, mais cette fois elle l'avait vraiment compris. Toute l'assemblée avait pigé.

Pour finir, je lui dis, aussi doucement que possible :

« Je vois. Donc vous pensez que *maintenant*, c'est *jadis*.

– Désolée. C'était une réaction automatique.

– Ne regrettez pas. C'est tout à fait normal. Permettez-moi toutefois de vous demander si, à votre avis, vous pouvez déprogrammer votre réaction.

– Oui, sans doute.

– Vous voulez dire que je pourrais vous hurler au visage encore une fois et que vous ne vous sentiriez pas menacée ?

– J'en ai l'impression. Oui, en effet.

– Et quelqu'un d'autre ?

– Pardon ?

– Quelqu'un d'autre, en d'autres circonstances, pourrait-il crier après vous subitement sans que vous vous sentiez menacée ?

– Je suppose que oui.

– Pourquoi ? Pourquoi présumez-vous que vous en seriez capable ultérieurement, alors que vous ne l'avez pas été plus tôt ?

– Parce qu'on m'a démontré, grâce à ce procédé, la nature de mes actes. Parce que je vois désormais que ce que j'imagine s'être passé n'est pas ce qui se passe en réalité.

– Formidable. Ainsi, vous parvenez à discerner le hier du maintenant. Vous vous affranchissez du passé. Vous ne lui devez désormais aucun de vos aujourd'huis. Vous lui avez accordé assez de vos instants présents. Tout ce que vous avez à faire pour privilégier cette liberté consiste à remarquer l'instant présent. Examinez étroitement ce qui se passe ici même, dès maintenant. N'accordez pas foi à la vérité imaginaire. Passez à la vérité apparente. Vous pigez ?

– Oui, je crois.

– Vous croyez ?

– Non, je comprends. J'ai pigé.

– Super ! Merci beaucoup. Et plus tard au cours de cette retraite, si je m'échauffe et que mon ton monte ou devient agressif, vous saurez ce qui se passe et ce qui n'est pas, exact ?

– *(Rires.)* Exact.

– Formidable. Veuillez vous rasseoir. »

(Applaudissements.)

Croyez-moi, vous n'avez pas à savoir.
Pas au point d'en devenir impuissant.
Impuissant face à ce que la destinée vous réserve.
Faites donc la paix avec le fait de n'en connaître que très peu.
À propos de l'amour. À propos des autres. À
propos de ce qu'est censée être la vie.
Réconciliez-vous avec le statu quo.
Ne sachant rien,
déplacez-vous à genoux, prêt à vous agenouiller à tout instant
que l'exigera la destinée.
Gardez une main vide afin de pouvoir la poser
sur votre cœur lorsque vient le chagrin.
Préparez un lit où vous pourrez tomber
dans vos bras consolateurs.
Nous constatons que la vie est surtout silencieuse.
Elle exige que nous vivions selon notre intuition tout en
y renonçant. Elle vibre aisément autour de nous,
candide et bienveillante.
Vous voyez, ce n'est qu'en nous enracinant ferme-
ment dans quelque intuition encore une fois
qu'il semble que la vie doive hurler
et s'élever tendrement de ses murmures.

– « Life is Mostly Quiet » © 2007 Em Claire

12

L'ORIGINE DE NOTRE VÉRITÉ

J'espère que vous avez remarqué qu'au cours de la démarche que nous venons de partager, je me suis contenté d'inciter cette dame à baser sa pensée sur un nouveau point de départ. Elle a été conviée à reposer son processus de pensée sur sa vérité apparente plutôt que sur sa vérité imaginaire.

Lorsque je lui ai hurlé au visage, trois types de vérités parmi lesquelles choisir s'offraient à elle à mesure qu'elle formait sa pensée sur la situation. En optant pour l'une de ces vérités, elle a formé une pensée donnant lieu à une émotion qui a engendré sa réalité. Elle a d'abord créé une réalité déformée, puis elle a finalement élevé son expérience à la réalité observée. Elle y est parvenue simplement en modifiant son esprit.

Voyez-vous à quoi d'autre cette participante se livrait alors? Elle faisait ce que nous faisons tous sans cesse. Elle façonnait sa propre réalité. La réalité, ce n'est pas ce qui se passe, c'est ce qui est en train de se passer selon nous. Nous ne vivons pas les situations extérieurement; nous vivons intérieurement ce qui survient à l'extérieur.

Plusieurs sont d'avis que « créer sa propre réalité » est une doctrine spirituelle. Malgré tout, cette création de notre réalité ne se situe pas sur ce que la majorité considère comme le plan spirituel. Il s'agit d'un phénomène psychologique, d'une fonction de l'esprit qui a trait à la mécanique de ce dernier.

Maintenant que vous en comprenez précisément le fonctionnement, vous serez en mesure de le produire. À votre guise. Et alors, vous serez libre ! Libre des tumultes émotionnels, de l'angoisse, de la frustration, de l'anxiété et de la peur — ces émotions malvenues qui accompagnent si souvent les changements indésirables et les perturbations de notre vie.

Lorsque j'étais en cinquième année [de l'école primaire], il y avait cette petite brute qui me harcelait sans relâche. Jour après jour, ce garçon trouvait un motif quelconque pour me bousculer dans la file, dans les escaliers, à la cantine, un peu partout. Et chaque jour, je lui lançais : « Arrête ! Tu ferais mieux d'arrêter ! » Et je n'ai jamais oublié qu'alors il me raillait : « Ah vraiment ! Qu'est-ce que tu vas faire, hein... ? »

Naturellement, il faisait preuve de sagesse, mais sans le savoir, car il posait la question par excellence de l'existence, celle qui convient à tout changement. *Que vas-tu faire de ça ?*

Voilà la question que pose la vie chaque fois qu'un événement survient à l'extérieur de l'esprit. Peu importe sa nature. Cela n'a pas d'importance. Il peut s'agir de la mort d'un proche, de la perte de vos lunettes, de la mauvaise humeur de votre partenaire ou de sa très bonne humeur. Il peut s'agir de votre licenciement ou du fait que vous veniez de décrocher un boulot. La question que pose la destinée, invariablement, c'est : *Qu'allez-vous faire de ça ?*

Votre réponse façonne votre expérience.

La plupart d'entre nous ne le conçoivent pas ainsi, mais c'est pourtant exactement ainsi que les choses se passent à chaque instant de notre existence. Nous captons des données entrantes du monde extérieur et nous façonnons notre réalité à partir de celles-ci.

Nous créons cette réalité de nulle part. Nous la fabriquons à partir de la pure pensée, et cette pensée émerge de la vérité que nous entretenons mentalement. Tout cela nous conduit logiquement à la question suivante : D'où cette vérité émane-t-elle ?

Nous avons d'abord demandé d'où provenait la réalité. Et la réponse fut : elle découle de notre expérience. Puis, nous avons demandé d'où notre expérience était issue. Et la réponse fut : elle émane de notre émotion. Puis nous avons demandé d'où notre émotion tirait son origine. Et la réponse fut : elle vient de notre pensée. Puis nous avons demandé d'où naissait notre pensée. Et la réponse fut : elle émerge de notre vérité. Nous demandons donc cette fois d'où provient notre vérité. Et la réponse est : elle découle de nos données.

Et d'où viennent ces dernières ? Eh bien, plusieurs sources les fournissent à profusion. Nos parents. Notre famille. Nos amis. Nos voisins. Nos enseignants. Nos modèles. Notre culture. Notre religion. Nos divertissements. Nos jeux. Et toutes nos rencontres concrètes « sur le terrain » de la vie, qui ont été, à leur tour, influencées par les facteurs ci-dessus.

Nous nous demandons alors ce qui provoque ou entraîne l'apport de ces données antérieures à notre conscience. Et la réponse est : un événement. Un incident. Un fait extérieur à notre esprit. Tous les événements appellent des données antérieures.

Puis nous nous demandons ce qui cause l'événement. Et la réponse est : notre réalité.

Autrement dit, les choses s'enchaînent, le phénomène est circulaire.

Vous pigez ? Cette ligne droite, la ligne de causalité, n'est pas du tout droite. Il s'agit plutôt d'un cercle. L'univers ne comporte aucune ligne droite. Toutes les lignes ne sont rectilignes qu'en apparence. Toutes finissent par se courber sur elles-mêmes. Avez-vous déjà regardé aussi loin que le regard se porte ? Vous apercevez le vide ! La Terre est incurvée. Le temps. L'espace. Tout, pas uniquement l'horizon. Je réfère ici à l'horizon éventuel. Une fois encore, voici notre ligne de causalité :

Événement + données + vérité + pensée + émotion = expérience = réalité.

Mentalement, courbez cette ligne de sorte que les deux extrémités se rencontrent à l'arrière, comme un bracelet de montre. Vous apercevrez alors la vérité. Les événements touchent les réalités, qui rejoignent à leur tour les événements, qui touchent les réalités, qui rejoignent les événements, qui touchent les réalités… Ils s'aboutent.

Oh là là ! C'est plus que courber la ligne de causalité. C'est l'esprit même qui se courbe.

Ouf !

D'accord. J'ai besoin d'une petite pause ici. Sérieusement. J'en suis à rédiger ces lignes, et j'ai besoin d'une pause. Je présume que c'est la même chose pour vous.

Faisons donc une courte pause.

Respirez à fond ce que vous venez de lire, passez-le en revue une fois ou deux, puis laissez-le mijoter à l'arrière-plan.

Une fois que vous êtes prêt, passez à...

AVEC QUOI AVANÇONS-NOUS ?

Voyez-vous désormais comment tout cela s'applique à vous ? Parvenez-vous à concevoir comment votre expérience des événements actuels est susceptible de se transformer radicalement en comprenant le mécanisme décrit ici, puis en vous en servant ?

Vous n'avez qu'à modifier votre vérité la plus intime à propos des événements. Qu'à donner un nouveau point de départ à votre pensée. Malgré tout, voici un nouveau défi.

Il n'y a pas de point de départ évident. Pas de perspective fraîche.

Quelqu'un a dit un jour : « Au sein de l'existence humaine, aucune perspective originale n'est possible après le premier jour. » C'est peut-être vaguement exagéré, mais l'idée est claire. À tout instant, nous sommes presque invariablement sous l'influence de données antérieures. Comment pourrait-il en être autrement ? Nous n'avons aucune autre référence, mis à part ce qui se passe.

Pas vrai ?

Ce qui crée votre pensée, c'est la « vérité » à laquelle vous accordez foi. Et ce qui la détermine — vérité apparente ou imaginaire —, ce sont les données antérieures que vous regardez.

Nous nous enfonçons plus profondément dans le terrier du lapin. Bientôt, le Chapelier fou [personnage de fiction dans *Alice au pays des merveilles*] fera son apparition, nous jurant que ce qui est n'est pas ainsi et que ce qui n'est pas est ainsi.

Nous nous avançons plus à fond dans la Matrice. Bientôt, l'homme vêtu d'un costume blanc nous conduira dans la salle blanche où se trouvent tous ces écrans de télévision et nous expliquera tout...

Nous apprendrons que notre vérité la plus intime n'émane pas uniquement de nos données antérieures, mais de leur sélection.

Au cours du processus de création de la vérité (votre esprit fabrique effectivement la vérité, il ne l'observe pas), l'esprit effectue un retour vers le passé pour récupérer les données d'instants antérieurs qui s'apparentent visuellement, tactilement, par le goût, le son ou l'odeur, à la situation présente. S'il trouve une situation analogue, il compare les deux données pour vérifier l'exactitude de l'analogie, puis il ajoute à l'instant présent l'information d'autrefois qu'il considère comme pertinente, élaborant ainsi un ensemble de nouvelles données qui ne ressemblent en rien aux données originales.

Ces données révisées et remaniées exercent une influence énorme sur la production de ce que vous nommez votre « expérience ». Votre « réalité » n'est pas ce que vous percevez, mais bien ce que vous croyez voir après y avoir ajouté les données du passé. Elle se fonde sur la « vérité » que votre esprit a extraite des données antérieures et appliquée au moment présent. C'est la « réalité » telle que vous l'avez vécue. Dix autres personnes l'auront vécue de dix autres manières. Il est important de toujours garder cela à l'esprit.

Voici maintenant le point épineux. Deux types de données antérieures sont préservés dans votre esprit. Je les appelle « données antérieures jugées » et « données antérieures factuelles ».

Ne serait-il pas merveilleux qu'il n'y en ait que deux ? Eh bien non, il nous faut aussi la trine réalité et les trois types de vérités. Au moins, nous avons la conclusion de l'argument. Nous tenons le coupable.

S'il n'existait qu'un seul type de données antérieures, nous n'aurions qu'un seul genre de vérité et une seule version de la réalité. Cette fois, nous cernons désormais le problème !

Les données antérieures jugées comportent ce que vous appelez les souvenirs heureux ou les souvenirs douloureux. Les étiquettes dépendent du jugement porté sur les événements à l'origine de ces souvenirs, lesquels souvenirs provenaient naturellement d'un jugement fondé sur des événements antérieurs perçus dans le contexte de données jugées préalables, fondées à leur tour sur des événements encore plus antérieurs, et ainsi de suite jusqu'à votre naissance — et même avant. (En effet, vous avez commencé à recueillir des données au sujet de ce qui survenait autour de vous dans le sein maternel.)

Voici un exemple de donnée antérieure jugée : la rupture d'une liaison romantique est douloureuse. Et un exemple de donnée antérieure factuelle : la rupture d'une relation amoureuse signe la fin d'une époque que deux personnes ont passée ensemble à partager une intimité au quotidien. Cette rupture peut être négative, positive, ou simplement neutre — c'est comme ça.

Toutes ces idées circulent sans cesse dans votre tête. Elles y résident et ne peuvent être supprimées. Votre « ordinateur » ne comporte pas de touche permettant de tout effacer. Votre esprit ramènera à l'avant-plan ces données antérieures dès que le présent lui ressemblera, même vaguement. Vous évaluerez les données actuelles à la base de données antérieures que vous seul possédez. Personne d'autre n'a votre passé. Personne d'autre n'a vécu votre histoire.

Autrement dit, personne d'autre dans l'univers ne peut éprouver, comprendre ou vivre quoi que ce soit exactement de votre manière. Pas tant que vous demeurez dans votre esprit. Une « rencontre des esprits » est littéralement impossible. Toutefois, une alliance des âmes est possible. Il s'agit de la relation sacrée dont rêve chaque être humain, où la vérité se fait connaître. Les humains aspirent à cette relation sacrée, car leur conscience cellulaire les informe que c'est non seulement possible, qu'elle a déjà existé, mais qu'elle a cours en ce moment même. Le seul obstacle qui les empêche de vivre cette relation amoureuse, c'est l'émotion fondée sur la pensée qui a pour base la vérité reposant sur les données antérieures jugées.

Comment l'âme peut-elle éluder cette ligne de causalité lorsque l'esprit en est à l'évidence incapable ? C'est tout simple. Dans la réalité ultime (là où réside l'âme), les données antérieures n'existent pas. Cette réalité existe invariablement dans l'ici et le présent.

Ah ! mais voilà un sujet tout à fait différent, et nous l'aborderons dans la seconde partie du livre.

Pour en revenir à l'expérience humaine des événements dans la vie de la plupart des gens, nous constatons que notre esprit se vautre sans cesse dans les données antérieures jugées ou factuelles, produisant ainsi, au terme de la ligne de causalité, ce que les psychiatres et les psychologues qualifient de réalité objective et de réalité subjective.

La réalité subjective émerge des données antérieures jugées. (À propos, tout cela n'est pas négatif, et ce n'est pas ce que nous entendons ici. Nous estimons souvent que les événements passés étaient merveilleux.) Quant à la réalité objective, elle découle des données antérieures factuelles — que l'on pourrait qualifier de « données brutes » par opposition à « données analysées ».

Dans mon modèle, je désigne la réalité objective par « réalité observée » et la réalité subjective, par « réalité déformée ». Pourquoi ne pas me servir des termes employés par la communauté médicale ? Pourquoi ai-je créé mon propre modèle ?

Parce que ma terminologie est plus descriptive et, surtout, parce que le modèle thérapeutique traditionnel n'admet pas l'existence d'une troisième réalité.

Tout a pris un sens pour moi lorsque je me suis mis à voir la vie grâce à un modèle comportant un niveau au-dessus de la réalité déformée et de la réalité observée — un plan que j'ai appelé réalité ultime.

L'existence de cette troisième réalité permet de transformer catégoriquement notre existence. Pas seulement de la changer, mais de la transformer.

Prêter attention à la deuxième réalité — fruit de votre observation objective, par opposition à votre expérience subjective — est susceptible de modifier votre expérience pour le mieux, et les psychologues consommés aident les gens à y parvenir. Prêter attention à la troisième réalité cependant — ce qui se passe sur le plan ultime, par opposition à vos observations objectives — est susceptible de révolutionner votre vie à tel point que vous n'aurez plus jamais à éprouver de tumultes émotionnels. Jamais.

Voilà où résidait le Bouddha, où habitait le Christ, où vivent tous les maîtres authentiques. C'était « la maison » de Paramahansa Yogananda. C'est la résidence du dalaï-lama. Là, vous rencontrerez Thich Nhat Hanh. Et les maîtres de l'Occident également, dont Stephen Levine, Eckhart Tolle, Byron Katie et Mary O'Malley. Ce sont des êtres qui ont compris et qui, aux dires de certains, se sont rendus maîtres de l'existence.

J'ai formulé cet entendement en mes propres termes. Il me semble clair que pour vraiment se servir de l'esprit de manière optimale (et, dès lors, vivre notre existence à ces niveaux optimaux), il faut dépasser le modèle thérapeutique courant.

Les conceptions psychologiques contemporaines accordent très peu d'espace (sinon aucun) à la spiritualité. À savoir à Dieu et à l'âme. Il s'agit là d'un paradoxe suprême puisque l'idée originale était tout à fait contraire !

Le terme *psychologie* offre une indication. *Psyché* vient du mot grec qui signifie « âme ». *Logie* vient également du grec, et il signifie « connaissance ». Ainsi, la *psychologie* équivaut à la connaissance de l'âme. De l'avis des Grecs de l'Antiquité, c'est sur l'âme que repose tout comportement sain.

Les constructions mentales auxquelles je fais appel (dont celles de ce livre) s'accordent à ce principe. Le modèle dont je me sers pour étudier et modifier le comportement s'appuie sur la spiritualité ; ses fondements reposent sur la théologie, à savoir la connaissance de Dieu. Est-il par le fait même plus efficace sur le plan thérapeutique ? Qu'en pensez-vous ?

D'après mes observations, la troisième réalité, la réalité ultime, issue de la vérité factuelle, offre enfin une explication des événements et de leur raison d'être qu'aucune des deux autres réalités n'offre. Et une fois que nous avons compris pourquoi quelque chose arrive (un subit changement, par exemple), nous pouvons faire appel à l'immense puissance de l'esprit, alliée à la clarté éternelle de l'âme, pour modifier notre expérience de ce qui est survenu et façonner notre expérience de ce qui surviendra.

Ce sera le stade subséquent de l'évolution de la race humaine. Et il n'y a nul besoin d'attendre plusieurs années pour l'atteindre. Vous pouvez le franchir en quelques minutes. À dire vrai, dans le temps qu'il faut pour terminer ce livre.

Et le meilleur dans tout ça, c'est qu'il n'est pas nécessaire de partager ma croyance en Dieu pour réussir. Nul besoin de croire en Dieu. Vous êtes libre. Cet ouvrage ne cherche à convertir personne. Je n'ai aucune intention de vous persuader de quoi que ce soit. Je me contente de vous suggérer quelques procédés. Vous voyez s'ils fonctionnent pour vous ou pas, mais vous n'avez pas à adhérer à une vue particulière pour vous en servir.

Sachez toutefois qu'en utilisant ces outils, vous ne transformerez pas que votre expérience des changements que vous vivez à l'heure actuelle. En effet, ces outils influeront également sur tous les changements que vous vivrez désormais jusqu'à votre dernier souffle — lorsque vous subirez la plus importante transition d'entre toutes.

Au moment de la mort, ce qui vous arrivera, ce dont vous prendrez conscience, modifiera votre vision de l'existence que vous viendrez tout juste de quitter. Chaque événement sera perçu depuis un point de vue plus vaste, chaque instant sera envisagé avec amour et acceptation, chaque faux pas sera considéré avec indulgence et compassion, chaque réussite sera perçue avec une douce fierté, une joie tendre, et un empressement à accepter et à accueillir enfin votre propre magnificence.

Cette conversation vise donc à faire naître ce même point de vue. Il s'agit de passer de l'avenir à maintenant.

J'ai souvenir de mon père qui disait : « Si j'avais su alors ce que je sais maintenant… » Il s'agit ici de savoir maintenant ce que vous saurez alors. Excitant, n'est-ce pas ?

Tout cela
constitue les préparatifs permettant d'évoluer
dans le monde sous une forme lumineuse.
On vous a découvert désormais et le
cours de plusieurs incarnations
s'achève.
Ainsi, à mesure que l'on nettoie chaque
couche de poussière de la surface,
le moi que vous avez connu
se disperse.
Que cette lumière devienne votre parole et votre silence.
Que le chagrin qui vous a vécu
s'estompe.
Que les gens qui vous chérissaient
s'aiment désormais.
Que la terre tremble,
que les étoiles se consument,
que les cieux se fracturent
en même temps que vous.
Aussi douloureuse que soit cette transition,
vous étiez censé connaître votre lumière.

– « You Were Meant » © 2007 Em Claire

13

DE SERPENTS, DE LIONS ET D'HUMAINS AUSSI

Nous approchons de la conclusion de la première partie de ce livre. La première moitié de cette merveilleuse conversation s'attachait à la mécanique de l'esprit en sorte que vous puissiez transformer votre expérience du changement.

Dans la seconde moitié de ces moments à passer ensemble, nous examinerons le moyen de changer votre création du changement en explorant le système de l'âme.

Il serait impossible d'élucider le fonctionnement de ce second outil, le plus passionnant, sans une profonde compréhension de la mécanique du premier. Et il serait impossible de se servir pleinement du premier outil, malgré une explication poussée, sans le combustible — la puissance — que le second lui apporte.

Tout cela sert à remarquer que la vie, sous ses deux aspects, est douée d'une raison d'être et d'une fonction telle qu'elle est. Il est tout à fait salutaire d'employer la vie sous toutes les formes où elle se présente, matérielle et spirituelle, comme un moyen et une voie pour atteindre la réalité ultime.

Dans notre exploration de l'existence matérielle, nous aborderons donc une strate finale, car cette exploration conduira à une question apte à transformer votre vie et qui rendra invraisemblablement utilisable et réalisable tout le contenu des chapitres précédents.

Au fil des chapitres, je reviendrai à vous et à votre expérience actuelle. Depuis le début, j'ai présumé que vous vous situez aujourd'hui en ce que je nomme « le cœur de l'instant » de changements significatifs. J'espère que vous concevez désormais que, chose fascinante, votre expérience du changement n'a peut-être rien à voir avec ce que vous avez vu, ressenti, goûté, entendu ou senti dans les faits. Vos données antérieures ont façonné votre vérité intime à son sujet, et c'est de votre vérité intime qu'émanent votre pensée, votre émotion et votre expérience engendrant votre réalité actuelle.

Vous trouvez-vous au cœur d'une réalité déformée, d'une réalité observée ou de la réalité ultime ? Il est possible de le déterminer d'après votre ressenti.

Si vous êtes dans un état épouvantable, vous vous trouvez dans une réalité déformée. Si vous vous portez bien, vous êtes dans la réalité observée. Extatique ? Vous vous situez dans la réalité ultime.

Tout cela dépend de l'analogie que trouve votre esprit pour les données de l'instant présent. Posons toutefois une question captivante : Et si vous rencontrez une donnée de l'ici-maintenant pour laquelle votre esprit ne peut trouver d'analogie ?

Je soulève cette question parce qu'en tant que personne qui réfléchit à tout cela avec moi, vous vous êtes peut-être interrogé sur ce point. La réponse, c'est qu'une telle situation est fortement improbable.

J'ai noté auparavant qu'il serait virtuellement impossible de ne pas trouver une sorte d'analogie dans vos données antérieures pour ce qui survient autour de vous actuellement. Presque tout ce que vous vivez est une version de situations que vous avez déjà vécues. Soit, il faut peut-être remonter jusqu'au berceau et, de ce fait, au-delà de votre mémoire consciente, mais ces situations sont présentes dans votre banque de données, je vous l'assure.

Voici un exemple qui me concerne. J'ai un souvenir vivace où je suis debout dans mon lit d'enfant. J'avais alors un peu moins de deux ans. J'apprenais à être propre et j'avais besoin d'aller aux toilettes. J'ai appelé maman, qui se trouvait dans une pièce adjacente, pour qu'elle me sorte de mon lit. Elle m'a entendu et m'a lancé : « J'arrive, mon chéri. » Mais elle n'est jamais venue.

Je l'ai appelée encore et encore, puis je me suis mis à pleurer. Elle répondait chaque fois qu'elle arrivait, mais elle mettait un temps fou à le faire. J'ignore ce qu'elle fabriquait dans cette autre pièce, mais de toute évidence, elle ne souhaitait pas être interrompue. Elle m'entendait, je le savais, car elle me répondait, mais elle ne venait pas. Je me sentais complètement abandonné. Pourquoi ne venait-elle pas ?

J'ai tenté en vain de m'extirper du berceau.

Je me revois en train de me hisser et d'essayer de passer ma jambe par-dessus la rampe. En vain, celle-ci était trop haute. Impossible de sortir de ce lit.

Maman ! hurlai-je une dernière fois. En vain. Pour finir, en sanglots, je n'ai eu d'autre choix que de salir ma couche.

Je sais bien que ce n'était pas grave. Je le sais aujourd'hui, mais alors je ne le savais pas. Et c'est ainsi que les données sont enregistrées.

Vous voyez ? Vous pigez ?

On m'avait affirmé que les grands garçons se servent du petit pot. J'étais effondré d'avoir échoué en tant que grand garçon.

À ce jour, j'éprouve des problèmes psychologiques par rapport à cette question de l'abandon. Vous croyez que j'invente tout cela ? C'est pourtant ainsi que les choses fonctionnent. Que l'esprit se comporte. Il ne connaît pas la différence entre jadis et maintenant. Il m'est impossible d'effacer ce souvenir. À dire vrai, plus je m'y suis efforcé au cours des années, plus le souvenir est devenu indélébile. Je l'ai gravé là. Et je le soulignais plus tôt, il n'existe pas de touche Supprimer sur cette « machine ».

Il est donc fort improbable — pas impossible, mais très peu probable – que votre esprit ne parvienne pas à découvrir dans ses données antérieures une analogie concernant une situation présente.

Votre esprit fera de son mieux pour la découvrir, car il comprend que votre survie dépend du fait de trouver quelque chose à quoi comparer le présent. Autrement, comment feriez-vous pour continuer ?

Supposons toutefois qu'il n'y arrive pas. Imaginons que la situation actuelle soit unique, inhabituelle et inusitée au point que vous n'ayez vraiment rien à quoi la comparer.

Pas de problème. Votre esprit fouillera un « sous-répertoire » dans votre mémoire, sous-répertoire constitué de données préservées en deçà du premier niveau de la conscience, dans votre encodage moléculaire — votre inconscient. D'aucuns l'appellent mémoire cellulaire, d'autres le qualifient d'*instinct*. (C'est là que se situe, entre autres, le réflexe de lutte ou de fuite.)

En vérité, votre esprit a d'abord consulté ce sous-répertoire. C'est un moyen d'autoprotection, au cas où vous n'auriez pas le temps de réfléchir. Dès l'instant où survient un événement extérieur, votre pulsion première est de réagir instinctivement. Si vous avez ensuite le temps de penser (rappelez-vous, nous en avons discuté auparavant ; nous disions qu'il suffit de quelques secondes, de nanosecondes en réalité), vous pouvez alors décider de la manière de répondre au lieu de la manière de réagir si vous n'aviez pu réfléchir.

Le temps de réponse est un luxe ; le temps de réaction est instantané. Pourtant, lorsque vous répondez, sachez que vous ne répondez pas à ce qui se passe dans l'instant. Vous réagissez à votre passé. Encore une fois, je le répète pour être bien clair, si vos données antérieures sont vraiment incapables de trouver une analogie par rapport à votre situation présente, vous revenez à l'instinct — constitué également de données antérieures. Il s'agit simplement d'un autre type de données antérieures.

Votre instinct vous pousse vers l'avenir. Il affirme que si vous désirez un avenir, vous devez écouter votre passé, même s'il s'agit d'un passé dont vous n'avez aucun souvenir conscient. Votre mémoire cellulaire, ce sous-répertoire, renferme l'histoire de notre espèce tout entière. Si, par conséquent, n'importe quel membre de votre lignée biologique s'est trouvé en présence de données concernant ce que vous vivez actuellement, ces données vous seront accessibles sur-le-champ.

Voilà le cerveau reptilien à l'œuvre.

Le quoi ?

J'ai bien dit *cerveau reptilien*. Et tout cela — tout — a directement trait à l'expérience que vous vivez actuellement, aujourd'hui même. Ce cours abrégé sur la mécanique de l'esprit devrait être offert dans toutes les écoles, sous des formes adaptées en fonction de l'âge, pour qu'une fois devenus adultes nous sachions de quoi il en retourne et nous puissions construire la destinée à laquelle nous avons toujours rêvé.

Notre dernière leçon dans la première partie de ce livre suivra. Elle sera accompagnée d'un dialogue l'illustrant. Si vous préférez faire d'abord une petite pause, le moment est tout à fait opportun. Posez alors ce livre et reposez un peu vos méninges.

Si vous êtes prêt à continuer, passez à…

UNE DERNIÈRE LEÇON : VOTRE MAGNIFIQUE CERVEAU

L'instrument de l'esprit, c'est le cerveau. Cet instrument magnifique a évolué selon divers stades. Notre espèce possédait d'abord un cerveau reptilien, puis elle a élaboré un cerveau mammalien sur celui-ci. Pour finir, elle a développé le cerveau humain.

(Je tiens à remercier ici le maître Ilchi Lee, un maître coréen dont les nombreux ouvrages sur le cerveau humain sont fortement recommandés.)

Le reptile ne porte aucun jugement de valeur. Il n'assimile aucune donnée à partir de l'instant présent en vue de l'associer à des données d'expériences similaires, de l'analyser pour établir une comparaison, ou de prendre une décision concernant la manière de réagir à la base de son évaluation des valeurs respectives. Un reptile réagit instinctivement à tout. Son information est inscrite dans ses cellules. Elle est héritée. La réaction du reptile sera donc identique d'une situation à l'autre, compte tenu de stimuli externes analogues qui changent uniquement au fil des siècles, sous l'effet des dictats de l'évolution. Cette réaction instinctive est instantanée ; tous les serpents d'une même espèce réagissent de manière identique aux mêmes stimuli.

L'esprit humain opère aussi instantanément, mais il effectue un nombre bien supérieur de fonctions sur la même période infinitésimale de temps, car son cerveau a évolué jusqu'à un degré de fonctionnalité beaucoup plus élevé. En outre, il contient des données spécifiques exclusives à chaque individu. Personne d'autre sur terre ne possède le même esprit. De ce fait, tous les humains, bien qu'ils appartiennent à la même espèce, ne réagissent pas de manière identique aux mêmes stimuli.

Le serpent n'éprouve pas de colère. Le saviez-vous ? Impossible d'exaspérer un serpent. Impossible de le rendre heureux, non plus. Un serpent est tout simplement dans l'état éternel d'être ce qu'il est, soit un serpent. En ce sens, il a parachevé son parcours évolutionnaire et il fait désormais intégralement l'expérience d'être.

Nous, les humains, faisons le même voyage vers la complétude, mais nous n'avons pas encore achevé notre périple. Nous ne sommes pas parvenus au terme de notre processus évolutionnaire.

Je dois cependant avouer que la question est sujette à controverse, certains anthropologues étant d'avis que nous avons parachevé notre périple évolutionnaire, que les humains n'évolueront pas davantage.

En vérité, cette idée [que notre évolution s'est terminée] prévaut parmi les illustres biologistes de ce monde. Voilà ce qu'affirme le magazine *Discover* dans un article de fond de son numéro de mars 2009, signé par une collaboratrice, Kathleen McAuliffe, lauréate de la bourse Alicia-Patterson 2009 en journalisme, en vue de poursuivre ses recherches sur l'évolution humaine de l'âge de pierre à nos jours. « Cette vision s'est enracinée au point d'être pratiquement une doctrine », signale McAuliffe.

Par ailleurs, elle fait état de divergences significatives de sources importantes. Une équipe de chercheurs suggère « qu'au cours des 10 000 dernières années, l'évolution de la race humaine a progressé cent fois plus rapidement qu'à toute autre époque de l'histoire de notre espèce ».

Voilà qui correspond parfaitement à mes observations personnelles voulant que le changement s'accélère de manière exponentielle sur notre planète. Plusieurs tendances expliquent ce phénomène, dont l'accroissement de la vitesse des communications, comme je l'ai mentionné plus haut. L'article très pénétrant de McAuliffe (« Are We Still Evolving? », mars 2009, *Discover*) présente d'autres hypothèses fascinantes. Je postule donc que l'être humain cherche encore à devenir pleinement ce qu'il est. En m'observant moi-même et en observant la race humaine, j'ai l'impression que nous ne sommes même pas à mi-chemin de cette réalisation. Autrement dit, tout n'est pas achevé. Cette idée sera déprimante ou grisante, selon votre façon de la voir. (Il en va de même pour l'ensemble de l'existence.)

Pour ma part, je la trouve exaltante. Bien que nous soyons déjà magnifiques, il reste à notre race plus de la moitié du chemin à parcourir ! Le potentiel de nos lendemains s'étend à perte de vue, et bien au-delà.

Assez de mes tergiversations philosophiques. Revenons à notre explication du cerveau.

Le lion, contrairement au serpent, est nanti d'un cerveau mammalien. Il est capable d'éprouver de la colère. (Ne tentez pas de mettre cette théorie à l'épreuve. Je vous l'assure, elle est exacte!) Toutefois, le lion n'émet aucun jugement sur ses états d'âme. «Ma colère était-elle justifiée? Était-ce de l'indignation, ou cette colère était-elle mal avisée? Était-elle juste ou exagérée? Devrais-je me mettre dans une telle colère à l'avenir? Que vont penser les autres lions?» Le lion ne se torture pas par un tel questionnement.

L'humain possède un cerveau développé au troisième degré. Il assimile des données et les compare à d'autres, il élabore des réactions à ces données, soupèse les diverses options, analyse les issues possibles et probables reliées à chaque option, formule un jugement sur les issues les plus favorables et dicte au corps sa réaction. Tout cela en un millionième de seconde.

Incroyable, n'est-ce pas? Malgré tout, en dépit de ce magnifique ordinateur résidant dans votre crâne, la réaction pour laquelle opte votre esprit n'a peut-être rien à voir avec la situation du moment. N'est-ce pas mignon...?

Le problème, c'est que bon nombre d'humains n'ont pas encore appris à se servir de toutes leurs facultés mentales — y compris celle qui consiste à considérer l'information non comprise dans des données antécédentes — pour susciter une réaction devant une situation donnée. Ils ont encore moins envisagé d'employer précisément le même mécanisme, le cerveau humain, pour façonner les conditions qu'ils préfèrent, au lieu des circonstances qu'ils rencontrent.

Notre pauvre esprit se contente de ramener à la surface des souvenirs ou des sous-souvenirs provenant d'un passé récent (de cette incarnation) ou distant (d'une lignée évolutionnaire). Il affuble notre présent de ces données et projette simultanément ces dernières sur notre avenir.

Ce processus excessivement rapide crée de l'énergie sous une forme que nous nommons «pensée» et la met en mouvement.

J'ai formulé ce phénomène ainsi : é+motion. Aux fins de notre discussion ici, je l'ai simplement appelé émotion.

C'est la force créatrice de l'univers.

J'éprouve le besoin de le répéter : c'est la force créatrice de l'univers. Voilà pourquoi il est si malheureux que tant de gens conçoivent les émotions comme des mouvements sur lesquels ils n'ont aucune maîtrise. En vérité, je l'ai mentionné plus tôt : les émotions représentent des choix. L'esprit opte pour un certain état d'âme. Les émotions sont des actes de la volonté. Ce n'est que lorsque nous comprendrons ce principe que nous serons en mesure d'agir comme je l'ai décrit, c'est-à-dire de nous servir des émotions pour façonner des conditions que nous préférons au lieu de réagir à des conditions qui nous sont infligées. (Nous irons plus loin sur ce point, beaucoup plus loin, dans la seconde partie de cette discussion.)

Nous avons déjà examiné méthodiquement la manière de transformer vos émotions. Récapitulons : transformez les pensées qui les sous-tendent. Pour y parvenir, modifiez la vérité qui instigue la pensée. Et pour ce faire, employez le potentiel optimal de votre esprit dans les instants qui suivent immédiatement un événement. Fouillez au-delà de votre banque de données afin de fournir une base à votre vérité.

Ici, je me suis plongé à fond dans la mécanique de l'esprit pour vous permettre de comprendre comment vous en servir pour la transcender.

Voyez-vous plus nettement cette fois que c'est là tout ce que la participante à l'atelier a fait ? Et elle y est parvenue plutôt rapidement grâce à la plus légère facilitation. Par surcroît, elle était d'avis qu'elle serait en mesure de le refaire seule par la suite, sans incitation ni assistance, car elle avait soudainement vu ce qui était vraiment à l'œuvre. Elle a consciemment observé sa tendance à appliquer au moment présent un passé qu'elle jugeait négatif, projetant le souvenir de son père sur ce présent.

Cette constatation constitue ce que les guides spirituels comme Mary O'Malley et d'autres résument par « se porter témoin ». La participante à l'atelier fut témoin de ce qu'elle créait mentalement et elle effectua tout simplement un autre choix à ce sujet. Elle n'avait plus à y être sujette désormais.

Le processus décrit consiste à passer à une nouvelle pensée. Et ce processus est parfait au point qu'on décrit par l'expression *Mouvement pour la pensée nouvelle* l'œuvre accomplie par moi-même et par d'autres dans le monde comme Eckhart Tolle ou Mary O'Mally. Il s'agit d'élever la conscience, de rehausser la perception pour passer de la vérité imaginaire à la vérité apparente, et créer une expérience qui saute de la réalité déformée à la réalité observée.

Dès qu'elle y eut réfléchi, la participante à l'atelier put constater clairement que je ne lui aurais jamais fait de mal et que je n'étais pas son père. Pour parvenir à cette conclusion, il lui a suffi d'examiner la situation de plus près, de ne pas se contenter du premier message offert par son esprit au sujet de celle-ci. Voilà ce que signifie l'injonction courante « Réfléchissez à deux fois ».

Ainsi, pour transformer votre pensée à propos d'une chose, il vous suffira d'y réfléchir à deux fois. En présence d'énormes bouleversements, et de la peur qui les accompagne tout naturellement, plusieurs personnes vous diront de ne pas y penser deux fois. *Je vous conseille exactement le contraire.*

Je suis un événement précieux,

et il me reste peu de temps.

Nous sommes tous de précieux événements.

Et même si nous pensons avoir le temps,

il ne nous en reste que peu.

Vous gaspillez trop de temps

à courir

d'un visage à l'autre

pour demander : « Quel est mon nom ? »

Si vous ne le savez toujours pas,

si vous l'avez oublié,

demeurez silencieux,

tournez-vous vers l'intérieur

et trouvez la réponse.

Vous êtes un précieux événement :

dites-nous votre nom.

– « Precious Occurrence » © 2008 Em Claire

14

ET MAINTENANT, UNE QUESTION SUSCEPTIBLE DE BOULEVERSER VOTRE EXISTENCE

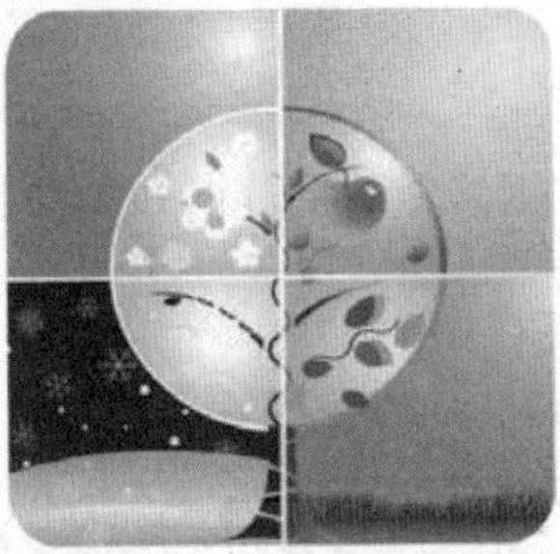

Jusqu'ici, nous avons établi clairement que pour transformer vos pensées, il vous suffit de réfléchir à deux fois et d'observer l'instant présent.

Pourquoi ne pas recourir à un exemple bien concret d'un événement actuel pour illustrer comment fonctionne le processus ?

Tout d'abord, dressons un tableau pour accompagner le processus qui consiste à remarquer l'instant présent, afin que vous compreniez parfaitement de quoi il s'agit. Nous savons tous désormais qu'il existe trois types de réalités. Une réalité déformée (votre interprétation de la situation), la réalité observée (ce que vous constatez sous vos yeux) et la réalité ultime (la nature même de l'événement, les faits tels qu'ils sont sur la raison d'être de ce dernier et les faits tels qu'ils sont à votre propos).

Nous savons également que ces réalités découlent de trois sortes de vérités : la vérité imaginaire, la vérité apparente et la vérité factuelle. Voici ce que donne le tableau :

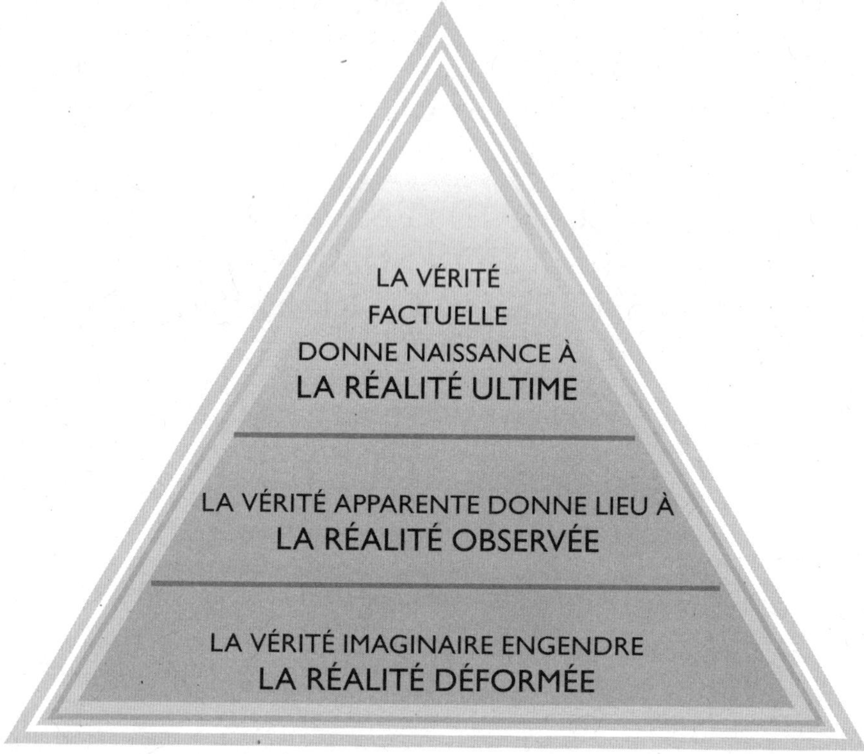

Les petits caractères maigres sur chaque niveau traduisent le point d'origine de votre pensée sur les événements de votre vie actuelle. Les caractères gras indiquent l'endroit où ces points de départ vous conduiront.

Pour modifier votre expérience de vie présente, vous devez simplement déplacer ce point de départ vers le haut de la pyramide. Autrement dit, il s'agit de hausser votre perception à son plus haut degré.

Maintenant, comme j'ignore ce qui se passe dans votre vie, nous devrons faire semblant. Présumons que vous venez de vivre une rupture amoureuse. Servons-nous de cette situation pour illustrer mon propos. Vous pouvez appliquer aux circonstances de votre vie le modèle que nous allons employer ici.

Supposons donc que cette rupture a été déclenchée par l'autre partenaire. À l'instant même où cette personne a franchi le seuil de la porte une dernière fois, votre esprit s'est mis à s'affairer.

Votre cerveau humain s'est d'abord mis en quête de données antérieures. Il a analysé chaque instant de votre existence où vous avez éprouvé un sentiment d'abandon, où l'on vous a quitté et délaissé. Il a ramené à la surface toute donnée — factuelle ou jugée — provenant de ces expériences antécédentes (dont cette occasion où votre mère vous a laissé dans votre lit d'enfant en quittant la pièce et où vous ne saviez pas si elle allait revenir) en vue de comparer l'information.

Voici maintenant un élément dont il vous faut prendre conscience. Votre esprit sera plus attentif aux données antérieures jugées négatives parce que ce sont ces données que votre ego, l'opérateur actuel de l'esprit, souhaite ne pas avoir à revivre.

Votre cerveau a donc repéré ces données antérieures jugées négatives, les a appliquées à l'expérience présente et, amalgamant le tout, a engendré une pensée qui a donné naissance à une émotion qu'il croit vous être utile, à savoir une profonde tristesse. Celle-ci vous a fait chuter sur la pyramide de l'existence, vous a fait passer de la réalité observée à la réalité déformée. Bref, vous êtes misérable.

Comme je l'ai mentionné déjà, même si vous n'avez jamais été rejeté ni abandonné, d'autres l'ont été. Ainsi, vous avez une base de données antérieures jugées négatives qui permettent d'engendrer des pensées et des émotions. Ce seront simplement les données antérieures jugées négatives de quelqu'un d'autre — la mémoire cellulaire de votre espèce, récupérée par votre cerveau reptilien. Si vous n'êtes pas prudent, vous pourriez susciter une réaction instinctive à partir de ces données.

Voici une autre possibilité et une nouvelle question : Et si vous aviez vécu une expérience similaire à celle du présent, mais toutefois heureuse ? Et si les données antérieures jugées analogues au présent étaient porteuses d'heureuses nouvelles ? (N'oubliez pas, les données antérieures jugées ne sont pas systématiquement négatives. Quelques expériences passées ont peut-être été jugées positives.)

Et si vos données antérieures jugées vous soufflaient ce qui suit : « Ne t'en fais pas. Tu as déjà vécu une pareille histoire. Tout ira pour le mieux » ? Voilà qui modifierait sans nul doute votre expérience ici et maintenant du changement en cours, n'est-ce pas ? Voilà qui éliminerait toute émotion négative et engendrerait une expérience positive, n'est-ce pas ?

Eh bien, ce serait possible si nous tirions nos leçons de nos données antérieures jugées « heureuses ». Cependant, un phénomène insidieux survient. L'esprit retrouve les données positives, mais il y prêtera peu d'attention. Comme si les événements heureux ne s'étaient jamais produits.

N'oubliez pas, votre esprit s'orientera davantage vers les données antérieures « négatives » et il omettra les données antérieures « heureuses », car c'est son boulot. Il est conditionné à se comporter de la sorte pour assurer votre sécurité et votre survie.

En ce sens, on pourrait affirmer : « Pas de nouvelles, bonnes nouvelles. »

Vous pigez ? Il est de toute première importance que vous compreniez, car voilà pourquoi, dans un si grand nombre de situations, la première chose à laquelle beaucoup de gens pensent, c'est à tout ce qui pourrait aller de travers. La première chose sur laquelle ils se focalisent, c'est sur tout ce qui va mal. La première chose qu'ils se disent, c'est : « Quelle merde ! »

Ne serait-il pas formidable de pouvoir inverser cette tendance? Ne serait-ce pas formidable si, dans la plupart des situations, la première chose à laquelle on songeait, c'était à tout ce qui est susceptible de bien se passer ? Si la première chose sur laquelle on se focalisait, c'était sur tout ce qui va bien ? Si la première chose qu'on se disait, c'était : « Quelle chance ! »

Quelques personnes éprouvent des difficultés par rapport à une telle attitude. Elles ne comprennent pas comment elles pourraient trouver que la vie est si merveilleuse, alors qu'à leur sens elle est douloureuse. Dès l'âge de neuf ans, mon père m'a dit : « Mon fils, sors la tête des nuages. » Et lorsque des amis constatent que je minimise ou que je réfute la possibilité d'une issue malheureuse, ils me demandent si j'ai perdu la raison.

Et je leur réponds : « Certainement ! »

Pour vivre la vie comme j'affirme qu'il est possible de la vivre, il faut perdre la tête.

Du moins, pendant un moment. Jusqu'à ce que vous compreniez très bien comment fonctionne l'esprit et sa mécanique, et comment modifier votre vérité afin de transformer votre pensée pour changer votre émotion et, de ce fait, votre expérience et votre réalité de l'événement en cours !

Autorisez-vous dès lors à réfléchir à deux fois à ce qui se passe. Demeurez dans l'instant présent, comme le recommande Eckhart Tolle, et, partant, élevez votre conscience de la réalité imaginaire à la réalité apparente.

Si vous réussissez cela, vous en viendrez à une conclusion tout autre au sujet de la situation vécue. Voyons ce qui se passe si vous vous servez de cette approche concernant notre exemple d'une rupture fictive.

Vous prendrez peut-être conscience d'avoir engendré la réalité déformée suivante, en examinant vos états d'âme :

J'ai été abandonné/Je me retrouve encore seul/C'est vraiment triste/C'est injuste/Je ne peux vivre sans cette personne/Je ne retrouverai plus jamais le bonheur/Cette façon de terminer notre relation était injuste/Je suis blessé et je ne pardonnerai jamais…

Et maintenant, en y réfléchissant à deux fois, vous êtes invité à envisager une question extraordinaire. Une seule question qui métamorphosera votre univers, qui convertira votre sentiment en modifiant votre pensée après avoir transformé la vérité qui la sous-tend.

Voici la question susceptible de transfigurer votre existence :

EST-IL POSSIBLE QUE LA RÉALITÉ QUE JE VIS NE SOIT PAS RÉELLE ?

Cette question paraîtra à priori gratuite et insensée. Vous savez sans doute ce que vous éprouvez. Vous êtes absolument certain de ce qui existe. Si vous tentez de vous extirper de l'expérience que vous vivez, votre esprit s'y opposera. « Ouvre les yeux, regarde autour de toi ! hurlera-t-il. On t'a abandonné ! Tu es encore seul ! L'autre est parti ! Parti ! Tu vas être malheureux ! Tu vas te sentir misérable ! C'est horrible ! »

Toutefois, si vous avez le courage de poser la question susceptible de transfigurer votre existence, tôt ou tard votre esprit cessera de s'opposer et réévaluera tout cela. Il réfléchira à deux fois.

En silence, sans jugement, observez avec une curiosité candide et de la compassion (pour reprendre les paroles de Mary O'Malley) les vociférations de l'esprit dans votre tête : « Hé ! Ne réfléchis pas ! Ne réfléchis pas ! » Car il sait bien ce qui l'attend si vous le faites. Insistez doucement pour réfléchir encore une fois, pour revoir les choses avant de graver votre expérience dans la pierre.

Votre esprit se mettra alors à collaborer. Vous pouvez le former à cette collaboration. Ce faisant, vous adoptez le rôle d'un maître qui enseigne de nouveaux tours à un vieux singe. Il faut être maître de votre esprit.

Si vous vous interrogez sur ce processus qui fait appel à la question susceptible de transfigurer votre existence, il vous est possible de consulter nombre de personnes qui connaissent ces matériaux en vous rendant sur le site www.changingchange.net.

J'espère que vous vous le permettrez et que vous vous connecterez à ce site interactif si vous croyez qu'il constitue une ressource valable. Pour l'instant, prenez un petit moment pour souffler et respirer à fond ce que vous venez de lire, puis voyez si vous souhaitez poursuivre maintenant ou passer du temps à digérer tout cela et me retrouver plus tard. *Si vous êtes prêt à continuer, passez à…*

DE QUOI EST-ON TÉMOIN ?

Lançons donc un petit dialogue ici.

Observez ce qui est droit devant vous en ce jour de votre vie. (Je fais appel, naturellement, à notre exemple fictif, puisque je ne peux m'adresser directement à vous, ce qui serait néanmoins possible si vous et moi échangions dans le cadre d'une conférence téléphonique.)

Examinons donc cet exemple fictif sous un angle nouveau : limitons la rencontre de cet instant à ce dont nous sommes témoins plutôt qu'à ce que nous ressentons. Si vous participiez à un atelier avec moi, je vous demanderais simplement de me dire ce qui s'est passé ici. Et vous répondriez : « Mon partenaire vient de me quitter. J'ai le sentiment d'être abandonné. Je me retrouve seul. »

Je poursuivrais : « Je comprends que votre partenaire vient de vous quitter. Vous en avez été témoin. C'est la réalité observée. Néanmoins, avez-vous été abandonné ? Êtes-vous complètement seul ? Est-ce là ce dont vous avez été témoin ou avez-vous superposé ces notions à ce dont vous avez été témoin ? »

Vous répondriez alors : « J'ignore de quoi vous parlez. Je ne superpose rien. J'ai été abandonné, c'est un fait. Je me retrouve totalement seul. C'est ainsi ! »

Et voici comment pourrait se continuer notre échange à partir d'ici…

« Vraiment ? Que signifie donc pour vous "être abandonné" ?

– Cela veut dire être rejeté, délaissé, quitté. Mais enfin, que croyez-vous que cela signifie ?

– Par qui ?

– Comment ?

– Rejeté, délaissé, quitté... par qui ?

– Par celui que vous aimiez ! Par votre partenaire ! Par la personne qui, le pensiez-vous, allait rester avec vous jusqu'à la fin de vos jours.

– Eh bien, votre imagination a ajouté un nouveau sens à ce mot.

– De quoi voulez-vous parler ?

– Sur le plan objectif, "être abandonné" signifie littéralement "être rejeté, délaissé, quitté... par tous". Être vraiment "tout seul encore". Est-ce là votre réalité observée ? Est-ce ce que vous avez observé au sujet de votre situation actuelle ?

– Vous jouez sur les mots. Vous ne faites que jouer sur les mots pour prouver votre point de vue.

– Non. Vous-même jouez sur les mots pour arriver à vous prouver quelque chose. Vous vous racontez une histoire qui emploie ces mots que vous avez chargés d'émotion, au lieu de n'être qu'un observateur.

– Mon vieux, vous m'égarez.

– Non, vous vous égarez. Vous vous égarez dans votre moi imaginaire. Vous acceptez une vérité imaginaire. Mais ne soyez pas mal à l'aise ici. Tout cela est parfaitement normal. Contentez-vous d'être disposé à modifier cette expérience si vous en êtes capable. Êtes-vous disposé à transformer cette expérience ?

– Je suppose.

– Vous supposez ?

– D'accord, d'accord, j'en suis certain. Je suis disposé à transformer mon expérience.

– Parfait. Maintenant, dites-moi ce que vous êtes en mesure d'observer aujourd'hui au sujet de votre vie. Êtes-vous abandonné ?

– Ma partenaire m'a en effet abandonné.

– Bien. Qui d'autre vous a abandonné ?

(Pause.)

– N'avez-vous pas entendu ma question ?

– Oui, je l'ai clairement entendue.

– Bien. Qui d'autre vous a donc abandonné ?

– Personne d'autre.

– Personne d'autre ?

– Non.

– En somme, vous n'avez pas été vraiment abandonné — à savoir laissé absolument, complètement, tout à fait seul. Une seule personne vous a quitté.

– Oui. Mais cela suffit.

– Cela suffit pour se sentir triste, sans nul doute, mais est-ce assez pour se sentir complètement abandonné ?

– C'est ce que j'éprouve. Je ne peux changer ce que je ressens.

– Bien sûr que vous le pouvez ! Si vous le souhaitez. Vous n'êtes pas contraint de le faire, mais vous le pouvez si vous le souhaitez. Vivre cette expérience vous est-il agréable ? Êtes-vous heureux ?

– Bien sûr que non ! Vous voyez bien que je ne suis pas heureux.

– Eh bien, si vous ne l'êtes pas, pourquoi continuez-vous à vous infliger cette expérience ?

– Je ne continue pas à m'infliger quoi que ce soit. C'est ce qui se passe.

– D'accord. Permettez-moi alors de vous poser cette question : Êtes-vous complètement seul ?

(Pause.)

– Non, pas dans le sens où vous l'entendez.

– Eh bien, quel autre sens donnez-vous à cela ? Que veulent dire les mots "être tout seul" ?

– J'entends par là que je n'ai plus ma partenaire de vie.

– Je le sais. Mais êtes-vous complètement seul ? Quelle est votre observation ? Que voyez-vous ? Voyez-vous d'autres personnes dans votre vie ?

– Bien sûr.

– Des gens qui vous aiment ?

– Certaines personnes m'aiment, je présume.

– Vous présumez ?

– D'accord, d'accord. Quelques personnes m'aiment. Dites donc !...

– Par conséquent, vous n'êtes pas "abandonné". Vous n'êtes pas "tout seul". Pas vrai ?

– Vous cherchez simplement à me mettre dans l'erreur à ce propos. Vous tentez de me rendre la situation plus agréable qu'elle ne l'est. Vous ne résolvez rien, vous cherchez seulement à m'inciter à examiner chaque infime détail pour faire valoir votre point de vue au lieu d'écouter ce que je ressens.

– À dire vrai, j'écoute ce que vous ressentez. Et vous avez raison, j'espère que vous allez vous sentir mieux, mais je ne vous mens pas. Je ne vous raconte pas une histoire fictive. En fait, je cherche à y parvenir en vous disant ce qui est. Je tente de vous inciter à modifier le point d'origine de votre pensée à ce sujet. Je vous invite à vous hausser de votre vérité imaginaire à votre vérité apparente, pour que vous puissiez passer de la réalité déformée à la réalité observée. Je vous offre l'occasion d'envisager les choses sous un angle différent. Il est déjà évident pour vous que vous n'êtes pas abandonné et que vous n'êtes pas "complètement seul". Il est en outre évident pour vous que votre partenaire n'est plus avec vous. Vous avez amalgamé ces deux éléments de données et en avez fait une seule donnée. Le voyez-vous ?

– *(À contrecœur.)* Oui.

– Bien. Commençons à partir de là, alors. Nous avançons... »

(Et le dialogue se poursuit, mais nous nous arrêtons ici.)

Le dialogue est puissant, même s'il est fictif, car, en un sens, je ne l'ai pas inventé. Voyez-vous, j'ai vécu l'expérience "fictive" décrite ici. Ce n'est pas que le souvenir de conversations avec d'autres personnes au cours de retraites et d'ateliers. Je me souviens de mes propres dialogues intérieurs.

Lorsque j'ai vécu cette expérience d'être abandonné par ma conjointe (je suis rentré un beau jour pour constater que tout avait disparu... la maison avait été vidée de tous les meubles et des effets personnels de ma femme.), j'ai eu toutes ces pensées. Je me suis dit...

On m'a abandonné...

Je me retrouve fin seul...

C'est affreux...

C'est injuste...

Je ne peux vivre sans elle...

Je ne serai plus jamais heureux...

Ça s'est terminé de manière complètement injuste...

Je suis blessé et je ne le lui pardonnerai jamais...

Depuis, toutes ces idées ont été mises à l'épreuve du temps. Elles me paraissaient bien réelles à l'époque, elles reflétaient alors ma vérité intime. Pourtant, avant longtemps, j'avais constaté que je vivais ma vérité imaginaire, pas la vérité apparente. Au fil du temps, il est devenu évident pour moi que chacune de ces affirmations était fallacieuse.

Chacune.

En définitive, que découvrez-vous sur les pensées que vous entretenez à propos de votre situation ?

Je rêve simplement d'une façon
d'aimer tout être à proximité.
J'ai des secours : vous, venez à moi
avec cette souffrance dans le regard
et une trace de tristesse dans le sourire.

Dans ce rêve nouveau que je rêve pour moi
je vous inclus tous.
Voulez-vous savoir ce qu'est mon amour ?
C'est votre amour.
Et nous tous,
petits chiens enroulés en une boule chaude.

– « Puppies » © 2006 Em Claire

15

FIN DE LA PREMIÈRE PARTIE

Nous voici à un stade crucial de notre conversation. Nous nous sommes penchés étroitement — plus étroitement peut-être que jamais auparavant — sur la mécanique de l'esprit. Désormais, nous comprenons son fonctionnement. Le moment est donc venu de prendre une décision à propos des deuxième, troisième et quatrième changements parmi les neuf que vous êtes conviés à envisager.

Je constate que vous avez déjà décidé d'appliquer le premier changement, le choix de « faire cavalier seul », autrement vous ne seriez plus avec moi. Les trois prochains changements consistent à modifier vos émotions, vos pensées et vos vérités.

Vous pouvez les appliquer dès maintenant. Faites appel à la mécanique de l'esprit pour modifier votre attitude à propos du changement que vous vivez à l'heure actuelle.

Attardez-vous donc à l'émotion qui vous habite ces derniers jours. Est-ce la colère ? La peur ? Le chagrin ? La frustration ? Êtes-vous préoccupé ? Triste ? Déçu ? Désillusionné ?

Sur une page blanche, inscrivez ces sentiments que vous éprouvez par suite des changements qui bouleversent votre vie. Complétez la phrase qui suit :

Dans le sillage de ce qui s'est passé…

Faites-le. Vraiment. Cela vous sera utile. Munissez-vous d'une feuille de papier et notez. Décrivez de manière succincte les émotions éprouvées et ce que vous ressentez à l'instant même. Vous aurez peut-être écrit : Je me suis senti effrayé. Ou : J'ai éprouvé de la tristesse. Ou encore : J'étais furieux. Ou toutes ces émotions réunies.

Bien.

Maintenant, inscrivez les pensées étayant ces émotions. Complétez la phrase qui suit :

Quand je constate ce qui s'est produit et ce qui se passe, je crois que je…

Vous ajouterez peut-être : … ne serai plus jamais heureux. Ou : À mon avis, j'ai été traité injustement. Ou encore : J'ai des ennuis et j'ai l'impression que je ne réussirai pas à m'en sortir facilement. Ou bien, tout ce qui vous vient à l'esprit lorsque vous voyez votre vie qui chavire.

Bien.

Maintenant, couchez par écrit la vérité qui étaye ces pensées. Complétez la phrase qui suit :

Ma vérité au sujet de cette situation, c'est que…

Vous pourriez inscrire : … celle-ci est néfaste. Ou : elle est dangereuse. Ou encore : elle est insoluble, etc.

Maintenant, examinez les données antérieures jugées qui ont donné naissance à cette vérité. Voyez si, au-delà de ces données antérieures, vous pouvez apercevoir, ne serait-ce que quelques instants, les données antérieures factuelles. Quels sont les faits, exempts de tout jugement, liés aux situations analogues à la situation actuelle ? Que vous révèle votre passé, sur le plan factuel, à propos de ces circonstances ?

Faites semblant d'être M. Spock sur le vaisseau l'*Enterprise* (dans l'émission *Star Trek*). Détaillez les faits logiquement. Si vous observez les données antérieures rationnellement et sans trace de jugement, quelle vérité vous apparaît alors au sujet des deux ou trois dernières fois où vous avez affronté pareilles circonstances ? Avez-vous souffert de dommages fatals dont vous n'avez pu vous remettre ? Vous êtes-vous remis de catastrophes bien pires que celle-ci ? Une fois tout cela terminé, les choses se sont-elles parfois avérées meilleures qu'auparavant ? Quelles sont les données antérieures factuelles à ce sujet ?

Cette fois, déterminez si elles influent d'une manière ou d'une autre sur votre perception de l'expérience présente. Pouvez-vous les inciter à influer sur votre vérité ? Si vous y parveniez, quelle forme d'impact les inciteriez-vous à produire sur votre vérité ? Iriez-vous jusqu'à inventer une nouvelle vérité sur ce qui vient de se passer ?

Êtes-vous en mesure d'imaginer que vous vous élevez de la vérité imaginaire à la vérité apparente ?

Ces stratégies fonctionnent vraiment, cher ami. Mais ici, écoutez ce que raconte votre mental. Dit-il : « Ouais, ça marche pour toi, mais pour moi la vie est une lutte sans fin. » Est-ce là ce que vous dit votre mental ? Sinon, c'est formidable. En revanche, si ce sont les propos qu'il vous tient, commencez par ce que suggère Mary O'Malley, avec grande sagesse : curiosité et compassion. Consentez simplement à vous montrer curieux au sujet de ce que votre mental exprime et éprouvez de la compassion pour ce que vous apprenez. Mary propose de vous interroger ainsi : comment traverser cette période ? Que suis-je vraiment ? Qu'est-ce qui demande à être vu ? Que dois-je dire, faire ou être en vue du bien suprême ? Qu'est-ce qui requiert mon attention bienveillante ? Quelle est la prochaine étape de ma destinée ?

Soyez témoin. Observez tranquillement la direction que prend votre mental, ses agissements. Ne vous attribuez aucun tort pour ceux-ci. Ne vous reprochez rien, ne vous blâmez pas et, surtout, ne renoncez pas à vous-même. Contentez-vous d'être présent [à vous-même], d'être curieux à votre sujet et de vous interroger sur vous. Avant tout, appréciez-vous tout au long de cette introspection.

Demeurez présent à vous-même, attachez-vous à l'instant présent, peut-être simplement en écoutant votre respiration ou en observant un objet dans la pièce. Puis, en silence et doucement, autorisez-vous à effectuer un nouveau choix, si vous le souhaitez. Adoptez une vérité nouvelle.

Nous conclurons la première partie de cette exploration extraordinaire sur la manière de tout changer par une dernière révélation sur la mécanique de l'esprit :

LA VÉRITÉ SE CRÉE, CE N'EST PAS UNE DÉCOUVERTE.

Dieu dit : « Déposez les armes. »

C'est en vérité ma propre voix, ne vous y trompez pas.

Et c'est la vôtre également.

Ainsi, « déposez les armes »

et portez la main à vos lèvres

ou à votre cœur en murmurant « doux pardon »,

même s'il n'y a rien à pardonner.

Nous cherchons simplement à aimer.

L'amour prend de multiples formes :

la colère, la peur et les souffrances en tous genres.

Mais nous cherchons simplement à Aimer.

Il n'y a rien à pardonner,

sauf s'emparer des armes à nouveau.

– « Lay the Hammer Down » © 2007 Em Claire

DEUXIÈME PARTIE

Le système de l'âme

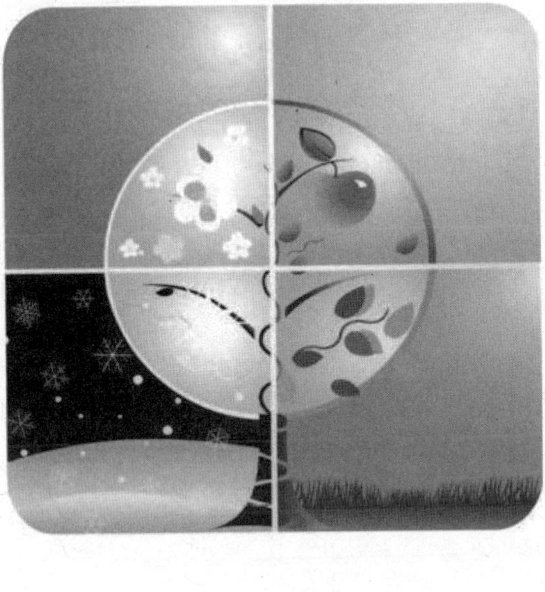

Le connaître vous permettra de donner naissance aux changements au lieu de les subir

16

LA RÉPONSE À TOUT

Nous nous lançons ici dans ce qui est, à mon sens, la partie la plus exaltante de cet ouvrage ou de tout autre livre.

Ai-je bien dit « ou de tout autre livre » ? Oui, car je suis d'avis que tout livre jamais écrit comporte une information plus précieuse, plus cruciale, plus pertinente, plus vitale, plus inspirante et plus directement reliée à votre capacité de vous rendre maître de votre destinée, comme vous en rêviez et y aspiriez, que cette information que je m'apprête à vous donner.

J'ai espoir que vous preniez des notes dans les marges, un peu partout. Que vous mettiez ces pages en lambeaux, que vous les écorniez et les usiez. Si vous lisez le manuscrit électronique, j'ai espoir que vous souligniez chaque phrase et chaque paragraphe qui exprime la voix de votre âme : c'est là ce que vous êtes venu entendre.

Je voudrais introduire le système de l'âme.

La mécanique de l'esprit se restreignait à ceci : la mécanique en soi, les dispositifs emboîtés et agissant les uns sur les autres pour former ce que j'appelle « le moteur de votre expérience ».

Cette fois, nous aborderons le carburant. C'est de là que le moteur tire sa puissance. Une fois que nous en aurons terminé avec les analyses de la deuxième partie de ce livre, vous aurez en main le nécessaire pour tout changer lorsque tout change.

Dans notre monde en fluctuation constante, où notre existence individuelle est affligée de bouleversements majeurs à chaque détour, il nous faut impérativement comprendre comment et pourquoi nous avons cette attitude face au changement, et ce, pour être en mesure d'en transformer notre expérience si nous le souhaions.

Il est difficile d'être témoin de l'effondrement, de la calamité, de la catastrophe et de maintenir son calme. C'est pourtant possible, et vous et moi allons analyser les moyens d'y parvenir.

Amorçons donc notre exploration du système de l'âme par cette divulgation : vous êtes doué d'une âme. Cela n'est pas une évidence pour tous. D'aucuns sont d'avis que l'être humain n'est qu'une forme particulière de vie, qu'il n'est pas habité par l'« esprit ». La discussion qui suit tient pour acquis que l'hypothèse ci-dessus est fausse et qu'elle suppose par ailleurs l'existence de ce que l'on nomme une « sur-âme » — ce que certains nomment Dieu. Ces présomptions se fondent sur davantage qu'une foi aveugle. Elles s'appuient sur l'observation, la logique et des extrapolations à partir des deux.

Un simple coup d'œil sur l'univers nous permet de déduire l'existence de l'énergie, laquelle semble résider en tout être vivant et en tout, qu'il s'agisse d'un être animé ou pas.

Prenons par exemple une pierre.

Celle-ci paraît inerte et, règle générale, elle n'appartient pas à la catégorie des organismes vivants dans le sens habituel du terme. Toutefois, si vous définissez la créature animée comme un objet qui évolue à partir d'un dessein impeccable et précis (ce qui suggère un certain degré d'intelligence à la base) et qui participe clairement d'un système plus vaste et élégant, alors les pierres sont des êtres tout à fait vivants puisque l'examen microscopique révélera un microcosme, une réplique virtuelle du macrocosme.

Les scientifiques ont dûment noté le phénomène. Sachez que les télescopes et les microscopes perçoivent un même univers : un système de particules ou de « boules » d'énergie tournoyant à une vitesse folle autour d'un noyau ou nucléus dont la configuration tient ensemble par une force invisible et pourtant présente et omnipénétrante.

Autrement dit, si vous sondez la structure sous-moléculaire d'une pierre (ou de tout autre objet), vous apercevez un univers infime. Vous entrevoyez aussi qu'une force invisible anime cet univers. Que ses effets sont perceptibles, mais que l'énergie même qui engendre ces effets reste inobservable à l'œil nu.

Est-ce à dire que l'énergie n'existe pas? Non.

L'univers visible ne comprend pas tout ce qui existe.

Je vous affirme que ce que nous avons décidé de baptiser «l'âme» appartient à la sphère de l'invisible : c'est un système d'énergie qui fait se mouvoir toute chose et qui anime la vie. Il en va de même pour le terme «Dieu». À dire vrai, Dieu est le système en soi.

Dieu est la manifestation la plus importante d'un système qui se reproduit en des versions de plus en plus petites par un processus qui accorde le pouvoir au système lui-même afin qu'il subsiste et qu'il s'étende.

Voilà le système de l'âme, un système impeccable. Son fonctionnement est parfait, son design est élégant, sa raison d'être, limpide et son pouvoir, immuable.

Il ne pourrait en être autrement, sinon le système se désintégrerait. En d'autres mots, il cesserait de s'intégrer lui-même et, de ce fait, il cesserait d'exister.

Cela signifie que Dieu réside en tout; que la vie réside en tout. Et c'est indubitable. Sur le plan de l'âme, nous en sommes conscients. Voilà pourquoi nous attribuons une personnalité aux objets inanimés, nous baptisons nos vaisseaux et nous nous en amourachons. Si notre voiture refuse de démarrer, nous la caressons en soufflant : «Allez, ma douce, tu peux réussir.» Et la voiture démarre.

Maman décide de décorer et meubler à neuf le salon, et papa rétorque : «D'accord, mais mon fauteuil reste.» Nous retrouvons notre doudou dans une vieille malle au grenier, nous la posons sur notre visage, les yeux pleins de larmes, et nous la remercions pour les consolations et la tendresse qu'elle nous a apportées.

Croyez-vous que l'âme ne sait pas parfaitement que l'énergie de vie réside partout?

Je vous assure que tout est doué de vie, et l'âme le sait. Celle-ci se perçoit en tout. Elle connaît notre unité avec toute vie. Elle contemple alors avec tristesse notre mental, qui nous persuade du contraire. Car celui-ci ne détient que les données antérieures pour tirer ses conclusions. Pourtant, l'âme transcende les données antérieures pour accéder à un espace où le temps n'existe pas. L'âme connaît la vérité factuelle, tandis que le mental s'arrête à la vérité apparente.

À moins que non.

Voilà ce à quoi l'âme incite le mental. Elle le pousse à ne pas s'arrêter aux apparences. « Ne t'arrête pas ici, murmure-t-elle. Suis-moi vers un lieu que tu n'aurais jamais pu imaginer. »

« Passionnant, répondrez-vous, mais qu'est-ce que tout cela a à voir avec ma vie, avec les changements qui la bouleversent et avec ma manière de les gérer ? »

Ah, effectivement...

(Ouf!) Est-ce un moment opportun pour souffler un peu ? Bien. Accordons-nous donc à tous deux un petit répit ici.

Songez un instant aux implications de ces considérations afin de comprendre quel rapport ces implications entretiennent avec votre vie, les changements survenus et votre manière de les gérer.

Puis... lorsque vous serez prêt, seulement à ce moment, passez à...

L'ÉTONNANTE VÉRITÉ À PROPOS DU CHANGEMENT

Cette conversation que nous avons vous et moi comportera, à la toute fin, deux phrases que vous souhaiterez vous rappeler mot à mot, mémoriser vraiment, ne jamais oublier. Deux phrases du genre tatouées sur le poignet gauche, inscrites au savon sur le miroir de votre salle de bain ou aimantées sur la porte de votre réfrigérateur.

Ces deux affirmations transfigureront votre paradigme et votre destinée. Je les ai formulées ainsi :

1. La question susceptible de changer la vie
2. La réponse à tout

La question susceptible de changer votre vie signait le terme de notre examen de la mécanique de l'esprit. Vous en souvenez-vous ? La voici encore une fois :

EST-IL POSSIBLE QUE LA RÉALITÉ QUE JE VIS NE SOIT PAS VRAIE ?

Cette question s'élève de l'âme.

Et voici la réponse à tout. Je m'apprête à vous révéler un principe qui vous permettra de ne plus jamais aborder le changement de manière négative. Il s'agit du dernier morceau du casse-tête, de la clé oubliée, de la combinaison mystérieuse du secret d'entre les secrets. Si la question qui transfigurera votre destinée a constitué l'apogée de la première partie de ce livre, la réponse à tout sera le point de départ de la deuxième partie.

La voici :

TOUT CHANGEMENT VA DANS LE SENS DE L'AMÉLIORATION.

UN CHANGEMENT POUR LE PIRE EST IMPOSSIBLE.

Voilà en quoi le système énergétique décrit vous touche, vous et votre existence. Voilà pourquoi votre âme est liée aux transformations survenues et à venir dans les jours ou les époques futurs.

La vie me pousse à vous dévoiler ceci :
Rien ne requiert de rectification;
tout aspire à la célébration.
Vous avez été créé pour fléchir
afin de constater les miracles sous vos yeux.
Vous avez été créé pour vous épanouir
afin de découvrir votre merveilleux visage céleste
juste au-delà des fardeaux que vous croyiez devoir assumer.
Lorsque j'invoque Dieu pour qu'il me parle,
je me sens aussi insignifiant, terriblement seul.
Mais c'est alors que, sans raison précise, je me mets à briller.

– «Shine» © 2007 Em Claire

17

LE CINQUIÈME CHANGEMENT

Cette révélation change tout. Il n'y a nul besoin d'informations ultérieures, d'autres données. L'esprit possède désormais le pouvoir de tirer toute une série de conclusions inédites sur la destinée.

Au début de cette conversation, j'ai souligné qu'elle introduirait neuf changements capables de tout transformer, mais en vérité vous n'aurez besoin que du

CHANGEMENT NUMÉRO 5

Modifiez votre conception du changement

Notre notion définit le changement comme une perturbation, une rupture dans le courant, une bifurcation, une modification des conditions ou des circonstances. C'était notre vérité notamment en ce qui concerne le changement malvenu.

Cette vérité a donné naissance à notre pensée, qui a engendré notre émotion, façonnant notre expérience qui aura abouti à notre réalité.

Réfléchissez à cette affirmation. Notre réalité découle d'un événement. Notre réalité est, au sens propre, un produit.

C'est vrai jusqu'à ce que nous sortions de notre mental. En quittant la psyché pour passer au domaine de l'âme, notre réalité n'est plus le produit des événements, mais bien de la conscience pure.

La conscience donne lieu à la vérité factuelle, tandis que des événements sont issus au mieux de la vérité apparente et, le plus généralement, de la vérité imaginaire. Par conséquent, les événements nous conduisent à la réalité déformée, tandis que par la conscience nous passons enfin à la réalité ultime.

De quoi prenons-nous donc conscience, et qui provoque cette transformation prodigieuse de l'ensemble de notre expérience ?

Nous prenons conscience de la vérité factuelle ayant trait au changement en soi. Nous constatons que ce n'est pas une interruption, mais bien une explosion. La vie s'embrase en un épanouissement plus total. Le changement n'est pas une rupture dans le courant ; il *est* le courant. Ce n'est pas une bifurcation ; c'*est* la direction même vers laquelle toute vie évolue. Il devient clair que le changement n'est pas une modification des conditions et des circonstances extérieures, mais bien ces conditions et ces circonstances.

Cette perception étendue nous révèle qu'en l'absence du changement la vie n'existerait pas, car elle est mouvement et le mouvement est par définition changement.

La question n'est donc pas de savoir si la vie sera jalonnée de changements, mais quel type de changements elle nous apportera.

Et la réponse à cette question dépend de votre emploi de la mécanique de l'esprit et de son intégration dans le système de l'âme ; ce sont deux poignées d'un même instrument plus vaste.

Après cette analyse de la mécanique de l'esprit, attardons-nous donc à ce système de l'âme. Commençons par une définition de l'âme.

L'âme est énergie. Elle est l'énergie de l'existence même, elle anime toute vie. La vie se fortifie et s'anime par le processus même de la vie. Il s'agit d'un système qui s'autoalimente, qui se maintient de lui-même.

Il faut impérativement se souvenir de ces derniers mots. La vie est un système qui se maintient de lui-même. Elle est sans fin, mais se sustente éternellement. Comment ? Par l'adaptation. Pourquoi ? Pour préserver à jamais sa fonctionnalité. S'il lui est impossible de fonctionner d'une manière spécifique, elle s'adaptera. Grâce à cette adaptation, elle demeure viable.

L'existence procède à ses adaptations nuit et jour. Elle change constamment. Il ne s'agit pas de savoir si la vie se transforme sans cesse, mais de déterminer pourquoi. Elle se transforme continuellement afin de demeurer viable. Voilà pourquoi tout changement est un changement pour le mieux.

Si on applique sur le plan individuel cette conception inédite du changement que je vous invite à adopter, elle pourrait s'exprimer ainsi :

Tout changement vise votre propre bien.

Toutefois, la plupart d'entre nous le perçoivent ainsi seulement après coup.

Parmi nous, la plupart ont vécu des événements qu'ils ont sur le coup considérés comme les pires instants de leur vie. Mais, avec le temps, nous avons fini par découvrir que ce qui était survenu était l'une des meilleures choses qui nous soient arrivées.

Le principe s'applique à presque toutes les situations que nous avons vécues. Nous l'ignorions pourtant, nous ne pouvions l'admettre, car certains événements ont abouti au pire — d'après notre définition. Celle-ci est néanmoins pervertie, circonscrite par la mécanique de l'esprit et ses contraintes inhérentes.

Le mental connaît bien tous les événements du passé, mais il en ignore la raison. Il a beau contenir l'ensemble des données antérieures de cette vie, il ne détient pas l'ensemble des informations sur celle-ci (une autre question tout à fait distincte). Le mental a beau détenir des connaissances, il n'est toutefois pas doué de sagesse.

La sagesse réside à l'extérieur du mental. Elle habite l'âme.

Voilà pourquoi il nous faut être en possession des deux poignées de ce magnifique instrument de création que je désignerai désormais par son nom propre : vous.

Permettez-moi de clarifier un point. Les faits et la conscience ne sont pas identiques. Même si nous sommes en possession de tous les faits ayant trait à la gravité, si nous ne percevons pas son fonctionnement, nous demeurons parfaitement ignorants. Nous pouvons tout connaître sur l'électricité, et même en faire usage, mais si nous n'avons pas conscience de ce qu'est l'électricité et des raisons de son fonctionnement, nous demeurons parfaitement ignorants. Nous sommes peut-être en possession de toutes les données concernant la lumière, et capables de nous en servir, mais si nous n'avons pas conscience de ce qu'est la lumière et de la raison d'être de son existence, alors nous ne savons rien.

NOUS IGNORONS PEUT-ÊTRE EN L'OCCURRENCE QUE RIEN NE CHANGE POUR LE PIRE, QUE TOUT NE CHANGE QUE POUR LE MEILLEUR.

C'est là une déclaration puissante, et je comprends que vous éprouviez quelques difficultés à y accorder foi. Pourtant, elle est exacte. Prenons un petit recul de cette notion gigantesque et étayons-la grâce aux fondements de la physique. Oui, j'ai bien dit de la physique.

Le mental est une mécanique. Et j'y ajouterai qu'il en va de même pour la vie. L'ensemble de l'existence est un mécanisme, et à l'instar de tout mécanisme, elle s'alimente à l'énergie. Par ailleurs, contrairement à la plupart des autres mécanismes, la vie constitue l'énergie même grâce à laquelle elle fonctionne. Autrement dit, elle s'alimente à elle-même.

Ainsi, les étoiles implosent et des constellations tout entières s'anéantissent au cœur de trous noirs ; ainsi, les tremblements de terre, les tornades et les ouragans dévastent la terre ; ainsi, les grands poissons avalent les plus petits ; ainsi, les êtres humains naissent, mènent leur vie et meurent — tu es poussière et tu retourneras à la poussière. Et malgré tout, l'énergie de rien de tout cela — vraiment rien de tout cela — ne disparaît ; elle ne fait que changer de forme. L'énergie ne se perd jamais, elle ne peut jamais se perdre ; elle ne peut qu'être transformée.

La lumière est produite par la transformation de l'énergie, laquelle crée aussi la chaleur et l'électricité. La transformation de l'énergie produit tout, dont la vie même.

L'énergie agit sur elle-même. La transformation de l'énergie produit de l'énergie en formation. L'énergie est l'information de la vie. La vie est en formation constante. Elle se constitue perpétuellement en ce qu'elle n'était pas avant de devenir ce qu'elle est. C'est dans ce devenir que la vie s'insuffle la vie. Plus simplement, voilà ce qu'on appelle le changement.

Revoici ce mot — changement.

Tel est le sens de la vie, laquelle se nourrit grâce au processus de la vie elle-même au cours duquel processus elle modifiera sa forme cent millions de fois l'espace d'un instant, un million de millions de fois en quelques secondes, un milliard de millions de fois en une minute et encore bien davantage que le temps ne peut calculer depuis que le calcul existe.

Au sein de l'énergie que nous désignons par le terme « vie », un changement pour le pire est impossible. Car l'existence même ne peut se transformer essentiellement que dans une seule direction : celle qu'exigent l'évolution, l'expansion, la direction qui lui permet de continuer à s'épanouir. Les choses ne peuvent changer que pour le mieux ; elles ne peuvent que s'améliorer, car l'amélioration est l'unique nature de Dieu.

En d'autres mots, Dieu n'a nulle intention de se liquider.

La vie, c'est la manière que Dieu a trouvé pour se prouver quelque chose à lui-même. Ce processus se nomme amélioration.

Attendez une petite minute ! Qui dit que Dieu existe ?

Moi, je le soutiens. Je n'emploie pas ce terme dans le sens généralement entendu. Il ne me sert pas à dénoter ou à décrire un être suprême et incommensurable qui existerait quelque part dans l'univers, un être doué de propensions et de tendances, de besoins et de désirs, de frustrations et d'émotions analogues à ceux qui animent les humains. Ce n'est pas une entité divine mue par des besoins qui doivent être comblés — sinon ça va barder —, une entité vraisemblablement très soupe au lait (ou du moins résolue à châtier ceux qui lui désobéissent), sans doute nantie d'un pénis, d'une peau claire et qui n'a pas de femme, mais un fils.

Ce n'est pas à ce Dieu que je réfère ici.

Je fais plutôt référence à la Source d'intelligence suprême qui se manifeste sous la forme de pure énergie que nous appelons la vie même. Je renvoie à la manifestation la plus vaste d'un système qui se reproduit en des versions de plus en plus infimes, par un processus qui donne pouvoir au système même afin qu'il existe et se développe. J'évoque la cellule souche la plus gigantesque et indifférenciée qui soit, une cellule souche d'où émerge la vie sous toutes ses formes.

En effet, d'après ce que je comprends et ce que j'ai vécu, les termes « Dieu » et « vie » sont synonymes, et la constante dans cette équation est l'évolution. La vie a ce mandat à jamais présent. C'est l'ajustement, l'adaptation et la transformation sans fin de Tout ce qui est. Rien de tout cela ne diminue la vie ; cela ne peut que la développer.

La vie évolue vers des degrés de complexité de plus en plus élevés. Elle ne pourrait « dévoluer », même si elle le voulait. Elle en est incapable.

Pourtant, on dirait parfois qu'elle dévolue en effet. Certains changements ne semblent pas des améliorations. En réalité, toutefois, le changement ne peut être que pour le mieux, sinon il ne surviendrait pas. Tous les maîtres spirituels le savent. Voilà pourquoi ils enseignent, chacun à sa façon…

… qu'il vaut mieux éviter de juger en fonction des apparences.

La vie est éternellement fonctionnelle, adaptable et viable. Ce sont là ses principes fondamentaux ; impossible de les transgresser ou de les rendre inopérants, car alors la vie cesserait d'être.

Il est plus facile de saisir tout cela si, dans l'énoncé qui précède, on substitue le mot *Dieu* à *vie*. Tout s'éclaire alors sur-le-champ. Dieu est éternellement fonctionnel, adaptable et viable. Ce sont là ses principes fondamentaux ; impossible de les transgresser ou de les rendre inopérants, car alors Dieu cesserait d'être.

Lorsque l'être humain acceptera le concept extraordinaire présenté ici, le processus de changement sera perçu sous son jour véritable : l'ultime expression de la divinité qui se sustente grâce à des adaptations lui accordant une magnificence éternelle.

Le changement proclame l'intention de l'existence de se poursuivre. Il constitue son impulsion fondamentale.

Encore une fois, il faut préciser que rares sont ceux qui voient les choses ainsi. S'ils les percevaient ainsi, ils obéiraient à l'injonction du Christ : « N'ayez pas peur. » Malgré tout, « hommes de peu de foi », vous êtes remplis de crainte. Franklin Roosevelt fut enclin à l'exprimer ainsi : « Nous n'avons rien à craindre d'autre que la peur. »

Je vais me permettre d'aller un peu plus loin en ajoutant ceci :

Nous n'avons rien à changer, sinon le changement lui-même.

Aujourd'hui, je me suis réveillé plus serein que Dieu.
Je me suis étiré vers les cieux
pour caresser les corps célestes
avec le Corps de Dieu.

Toute la nuit,
le soleil a attendu mes yeux.
Et maintenant qu'ils le regardent, il se lève,
aussi divin que chaque sirène,
chaque muse
chaque Corps de Dieu.

Même l'océan se berce et se balance dans
la douce attente de mon réveil.
Même la lune, même les cieux, même le silence,
même le silence attend le réveil de ma voix
qui embrassera tendrement
son corps sonore
toujours
dans le Corps de Dieu.

– «The Body of God» © 2009 Em Claire

18

LE SIXIÈME CHANGEMENT

J'espère que vous aurez réfléchi à fond au cinquième changement et que grâce à l'information et aux intuitions que vous aurez reçues, vous saurez que vous pouvez poursuivre et l'accepter, ainsi que les premier, deuxième, troisième et quatrième changements.

Sur ma liste de neuf changements, celui qui est le plus susceptible d'accomplir le travail de tous les autres, c'est le cinquième. Ce changement est susceptible de transformer la manière dont il est vécu, au cœur même des bouleversements. N'est-ce pas là une transformation que vous aimeriez parachever ?

Bien sûr. Tous, nous aimerions pouvoir effectuer une telle transformation dans des moments comme ceux que vous-même vivez aujourd'hui.

Je sais bien que vous préféreriez plutôt modifier le fait que les choses aient changé. Vous avez peut-être l'impression de ne pouvoir retrouver le bonheur que si vous êtes en mesure d'intervenir dans le cours des événements. Voici pourtant la nouvelle : vous ne retrouverez pas le bonheur ainsi.

Si maintenir le statu quo assurait le bonheur, ce qui vient de se produire n'aurait pas eu lieu.

Vous serez peut-être en mesure d'effectuer un autre changement par suite des récents bouleversements, un changement susceptible de rétablir à peu près l'ancien ordre des choses. Pourtant, ces dernières ne seront jamais exactement comme avant. Et ce n'est pas ce que vous souhaitez non plus. N'oubliez jamais ceci : il est impossible de modifier ce qui a été changé, car cela appartient déjà au passé. Vous pouvez cependant changer l'avenir, et c'est là que réside votre pouvoir.

Il s'agira pour vous de décider si vous voulez changer l'avenir de sorte qu'il reproduise votre passé ou si vous voulez le modifier radicalement pour qu'il ne ressemble en rien au passé.

Pour envisager cela avec soin, il faut comprendre que le changement ne se produit pas dans un néant. Dans l'univers, il survient pour une raison. Il n'est jamais le fait du hasard. C'est un avertissement indiquant que quelque chose ne va pas.

Les perturbations que vous vivez sont survenues à cause d'un manque d'harmonie. Quand règne la dissonance, la vie devient dysfonctionnelle et cet état transgresse le premier des principes fondamentaux (la vie est fonctionnelle, adaptable et viable) et invoque le second.

D'accord, vous vous dites peut-être : « Si toute chose se produit pour le mieux… Si c'est vrai, alors il faut m'expliquer ce que Dieu a en tête, parce qu'à mon sens les choses ne paraissent pas du tout s'être améliorées ! »

Je sais que ce commentaire reviendra encore et encore au cours du stage *Changing Everything* [Tout changer] que nous présentons lors de la diffusion Internet par télé satellite globale et lors de nos retraites semestrielles. Ce qui nous conduit au…

CHANGEMENT NUMÉRO 6

Modifiez votre opinion sur les raisons du changement

Même si vous acceptez l'idée que tout changement se produit pour le mieux, vous ignorez pourquoi ces circonstances, cette situation ou cette condition nouvelles valent mieux. Vous ne voyez pas où est l'amélioration, car cette dernière n'a rien à voir avec les conditions extérieures ;

elle a plutôt à voir avec les conditions intérieures. Vous n'en percevez pas les raisons — ni ne savez qui l'a provoquée. Quand vous saisirez ces raisons et que vous les admettrez comme votre vérité vivante, encore une fois, tout dans votre expérience au quotidien changera.

Voici une autre vérité factuelle. Préparez-vous.

Êtes-vous prêt ?

Elle n'est pas facile. Prenez donc une bonne respiration. La voici...

Le changement survient parce que vous le souhaitez.

Tout changement change dans votre direction. Non, c'est impossible ! Pourquoi donc auriez-vous souhaité vivre ce que vous venez de vivre ? Nulle personne saine d'esprit n'aurait opté pour cela !

Est-ce bien ce que vous êtes en train de vous dire (ou de hurler) dans votre tête en ce moment ?

Si c'est le cas, alors vous avez raison. Nulle personne saine d'esprit n'aurait choisi de vivre cette situation. Le mental ne prend pas ces décisions. C'est l'âme qui le fait.

Voici qui nous conduit à l'ordre du jour de l'âme. Nous avons d'abord déterminé que vous êtes doué d'une âme, n'est-ce pas ? Il nous faut maintenant en examiner le pourquoi. Pourquoi avez-vous une âme ? Quelle est sa raison d'être ? Quelle est sa fonction ? Lorsque vous le comprendrez (ou que vous vous en souviendrez de nouveau), les motifs du choix de changer vous apparaîtront spontanément.

L'ordre du jour de votre âme coule sereinement avec l'énergie plus vaste de la vie. Cette énergie se meut systématiquement vers la synergie, l'harmonie, l'expression glorieuse et l'expansion. Elle est en quête d'une expérience d'elle-même, en toute plénitude.

Pour formuler cette vérité en termes humains, je dis que l'énergie de la vie bouge invariablement dans le sens de ce que j'appelle « l'amour ». L'amour de soi, l'amour d'autrui et l'amour de la vie.

Votre énergie individuelle circule dans le même sens. Votre âme et celle de l'univers aspirent à la même chose systématiquement, la cherchent et l'engendrent. Ce n'est que lorsque votre mental se met en travers du chemin qu'il semble en être autrement ou que quelque chose de terrible est survenu et que vous foncez vers la mauvaise direction.

Pour illustrer mon propos, voici un exemple inspiré de l'enseignement chrétien. Le Nouveau Testament relate la visite de Jésus et de ses disciples au jardin de Gethsémani. Jésus demanda à ses disciples de s'asseoir, de l'attendre et de prier pendant que lui aussi allait prier, mais dans la solitude.

Dans cette solitude, il ressentit un grand poids en lui, au point d'en mourir presque. Et il sut ce qui l'attendait. Il se tourna vers Dieu : « Père ! Vous pouvez tout ! Éloignez ce calice de mes lèvres… »

Ici, le mental de Jésus s'interposait ; il voulait modifier le cours des événements. Néanmoins, sa vibration s'éleva immédiatement par le simple pouvoir de sa volonté. « Que votre volonté soit faite, pas la mienne », consentit-il. Et sur ces paroles, son âme revint à l'alignement sur l'âme de l'univers ou, si vous préférez, sur Dieu.

Il n'existe qu'une Âme unique, mais diverses expressions de celle-ci. Ces aspects individués de l'Âme unique recherchent la synergie, l'harmonie, l'expression glorieuse et l'expansion. C'est une autre manière d'affirmer que la vie sous toutes ses formes partage la même aspiration que la Vie elle-même. Comment pourrait-il en être autrement ?

L'âme et le mental sont toutefois deux substances distinctes. La forme de vie que vous avez adoptée est douée d'une âme et d'un mental (ainsi que d'un corps) ; c'est au sein de cette totalité trine qu'elle se pourvoit intégralement en vue d'accomplir ce que vous êtes venu accomplir dans cette sphère physique.

Le rôle du mental consiste à assurer la sécurité du corps, votre instrument ou outil physique, afin que vous puissiez en faire usage en vue d'accomplir ce que vous êtes venu réaliser. Le rôle de l'âme est de s'assurer que le mental a toujours conscience de votre raison d'être ici-bas et qu'il ne s'empêtre pas dans son propre univers chimérique. Un peu comme de se laisser berner par une réalité virtuelle sur Internet. Vous savez sans nul doute qu'il existe sur Internet des univers où l'on peut pénétrer, adopter une identité et mener une existence d'un bout à l'autre — grandir, rencontrer l'amour, se forger une carrière, acheter une maison, fonder une famille, connaître le succès et amasser des fortunes (ou les perdre). On peut en effet façonner une expérience de la vie tout entière au sein de ces réalités virtuelles, échanger avec autrui, passer des accords légaux — c'est tout à fait détaillé, sophistiqué et complexe. Et rien de tout cela n'a la moindre réalité. De toute évidence, pas la moindre bribe de tout cela ne vous arrive. Cela ne se produit que pour l'individu que vous avez créé dans cet univers chimérique.

Aux yeux de votre âme, l'existence terrestre a la même nature. Il s'agit de ne pas s'égarer dans cet univers fictif tissé par votre mental et d'employer votre corps et votre mental pour réaliser la mission de l'âme.

Voilà ce que nous faisons tous à l'heure actuelle, mais certains le font consciemment, tandis que d'autres le font inconsciemment, sans savoir ce qu'ils font.

Ces propos peuvent commencer à vous sembler tirés par les cheveux. Le moment se prête peut-être à une pause afin de laisser reposer tout ce que j'ai dit. Évitez de juger ou d'évaluer. Laissez mijoter tout cela en le laissant être ce qu'il est : une simple idée, la vision d'une personne, quelques notions auxquelles réfléchir. D'accord ? Donc, pour l'instant, aimeriez-vous

faire une pause ?

Plus tard, lorsque vous serez prêt, poursuivez la lecture du chapitre avec...

UNE QUESTION D'ÉQUILIBRE

Il nous arrive à tous ce qui est arrivé à Jésus au jardin de Gethsémani. Voilà pourquoi j'adore le fait que la Bible présente cette histoire. Elle nous donne espoir, car nous savons que même Jésus devait équilibrer son mental et son âme dans le cadre du processus par lequel il a pu faire l'expérience la plus parachevée de lui-même.

C'est là ce à quoi réfèrent mes propos. Je souhaite vous aider à comprendre que la vie n'est pas telle que vous la concevez, qu'une raison sous-tend le fait que les événements se déroulent ainsi et que vous n'êtes pas victime de cette raison, mais bien la cause.

Vous aurez peut-être de la difficulté à admettre cette notion, à moins de saisir clairement votre identité véritable, qui vous êtes vraiment, pourquoi vous êtes sur terre dans cette forme physique, ainsi que le sens véritable de la vie.

En l'absence de ce savoir, rien ne semblera avoir de sens. Le comprendre éclaire tout. Et une fois que tout s'éclaire, vous n'avez plus à ressentir la souffrance et la frustration que vous éprouviez jusqu'ici. Les perturbations peuvent se présenter de toutes parts (et elles se présenteront), mais elles ne vous chambouleront plus, ne vous attristeront plus et ne vous rendront plus furieux. Vous aurez transformé votre attitude par rapport au changement, car vous aurez compris tout ce qu'il faut à son propos, dont le fait que...

... tout changement se produit en vue du meilleur. Que le changement survient parce que vous le souhaitez.

L'intellect rejette ces notions, tandis que l'âme les crie sur tous les toits, car elle connaît ce que le mental ne peut saisir. Le mental s'appuie sur des données antérieures, tandis que l'âme émane de l'étermoment.

L'étermoment, voilà comment je désigne le moment présent. C'est le seul instant qui existera jamais. Il n'existe pas d'autre instant que l'étermoment — même si nous avons fabriqué l'illusion qu'il en existe. Et cette illusion, nous l'avons fabriquée pour une raison.

Le mental a fracturé l'étermoment en des fragments d'information sur l'existence qu'il appelle données. Il a ensuite classé ces données, car c'est son boulot, et il les assimile par rapport à ce qu'il vit en leur apposant l'étiquette « maintenant ». Puis, il les conserve dans sa mémoire suivant certains critères. Le procédé est passablement efficace et puissant — à l'exception d'une chose. Votre mental possède une vision très étriquée du présent.

Sa perspective est affreusement restreinte. C'est délibéré. S'il assimilait simultanément l'ensemble des données à propos de tout, et tentait de les traiter, il lui serait impossible d'en déterminer le sens. Car un excès de données est presque pire qu'une absence totale de celles-ci. (Quiconque a consulté un menu de restaurant comportant 101 mets saura de quoi je parle.)

Pour contempler les données d'étermoment et les rendre utiles (vu la raison de notre présence ici, ce à quoi nous venons), celles-ci doivent être envisagées une par une.

On peut y parvenir très rapidement, mais il faut que ce soit de manière séquentielle, à savoir un élément à la fois. Et même là, tous les éléments n'ont pas à être considérés. Il faudra les discerner pour que chacun soit envisagé individuellement. Voilà pourquoi le mental adopte délibérément une perspective circonscrite.

Vous faites de même dans votre vie. Si vous traversez une période où vous vous sentez dépassé, contrarié, vous lancerez à votre entourage :

« Une petite minute ! Attendez ! Une chose à la fois ! » Votre mental s'y livre automatiquement. De ce fait, sa perspective n'est pas englobante, car seule une partie du tout sera envisagée. Encore une fois, c'est parfaitement délibéré.

Votre mental est un merveilleux mécanisme, je l'ai mentionné, et il est impératif d'en comprendre le fonctionnement très précisément pour qu'il travaille à votre profit, non à votre encontre.

Le fait que le mental entretient une perspective étriquée ne signifie pas que c'est également votre cas. Ce ne serait vrai que si vous vous restreigniez à être votre mental. Vous êtes cependant bien davantage. C'est là l'essentiel de mon propos, la raison de ma venue sur le chemin de votre destinée.

Vous êtes bien plus que votre mental. Vous êtes aussi une âme. À vrai dire, cette dernière constitue la majeure partie de votre être. Je ne vous accuse pas d'être étroit d'esprit (ha ! ha !), mais en vérité le mental est l'aspect le plus infime de votre moi individué. Sa perspective (soulignons-le encore une fois) est complètement réduite. L'effet d'une telle contrainte s'éclaircira bientôt.

La perception de l'âme, quant à elle, n'est pas circonscrite. Elle connaît tout, voit tout, comprend tout et possède tout ce que l'entité vivante que vous êtes pourra jamais désirer. Elle en est douée parce qu'elle est tout. Elle possède l'amour, car elle est l'amour ; elle possède la paix, car elle est la paix ; elle possède l'harmonie, car elle est l'harmonie ; elle détient la synergie, car elle est la synergie ; elle détient l'expression glorieuse, car elle est l'expression glorieuse. Elle est nantie de tout cela et de bien plus encore. Il ne lui manque qu'une seule chose. Elle n'en fait pas l'expérience.

Voilà où le reste de votre être intervient.

Nous arrivons dans le vif du sujet. Nous abordons le système et son fonctionnement.

L'âme fonctionne suivant un système d'échange d'énergie synergique — ou SEES. L'ensemble de toute vie fonctionne d'après ce système, qui l'engendre. Quand l'énergie est transférée, elle se transforme. Elle devient énergie en formation. Cette énergie en formation (information) est décomposée par le mental, tel que décrit, en des fragments de données.

Au fil de cette conversation, j'ai introduit l'expression étermoment parce qu'il me fallait un terme plus englobant que le mot *maintenant*.

L'étermoment comporte davantage que ce à quoi le mental réfère sous l'appellation *maintenant*. Il dénote ce que l'âme appelle *maintenant* — qui, exprimé par le mental, comprend *hier, aujourd'hui* et *demain*.

Le mental recueille l'ensemble des données qui se présentent à nous « aujourd'hui ». Et il peut évoquer en un instant toutes les données conservées sur *hier*. La seule chose dont le mental est incapable, c'est de capter des données sur ce qu'il nomme *demain*. S'il le pouvait, il constaterait qu'hier, aujourd'hui et demain sont en vérité à jamais. Cette incapacité du mental à concevoir que l'avenir fait partie du maintenant, voilà ce qui circonscrit sa perspective.

Le système de l'âme est un système par lequel l'aspect individué de la Divinité baptisé « vous » peut se détacher de la vérité apparente (fondée sur cette perspective circonscrite du mental) pendant un moment assez bref pour éviter de déconstruire le mental, mais juste suffisant pour l'ouvrir à une perspective plus vaste.

Nous avons tous connu ce genre d'éclairs intuitifs, ces instants fugitifs de totale conscience, ces visions fugaces du Tout. En de tels instants, un voile se lève et nous passons facilement de la vérité apparente à la vérité factuelle. Le rôle de cette « instransparence » est de faire savoir au mental qu'il existe d'autres données dont il n'a pas conscience, une information inconnue sur la vie que nous n'avons pas encore expérimentée.

À dire vrai, cette information n'est pas vraiment inconnue et non vécue, elle est simplement oubliée. L'âme a pour fonction de vous permettre de vous souvenir de tout ce que vous connaissez déjà, mais pas à l'excès ni trop rapidement pour vous en mettre plein la vue, ce qui serait passablement néfaste, car vous avez besoin du mental et de l'âme pour évoluer au fil de l'existence et réaliser le motif de votre venue ici-bas.

En laissant votre mental se souvenir par bribes de la Vérité factuelle que vous n'avez pas goûtée en cette vie (et qui ne se trouve donc pas dans votre mémoire), l'âme vous seconde lors de ces expériences de l'ici-maintenant que vous ne comprenez pas et qui ne vous plaisent pas. Elle vous donne la capacité d'élever votre expérience en passant de la réalité déformée à la réalité observée et encore plus haut, jusqu'à la réalité ultime.

Vous devriez savoir que même la réalité observée est un espace merveilleux. La plupart des humains n'y résident pas très souvent, et encore plus rares sont ceux qui parviennent à s'y maintenir très longtemps. Il s'avère que vivre dans la réalité observée est un état sublime. Dans cet état, nous ne déformons rien, nous percevons tout précisément tel que c'est en termes humains. Cela peut souvent apaiser notre peur.

Le passage de la réalité fictive à la réalité observée en est un d'envergure. La transition de la réalité observée à la réalité ultime est d'habitude plus brève. Lorsque votre conscience réside dans la réalité ultime, la perspective circonscrite de votre mental s'étend de manière inconcevable.

Littéralement. Elle se déploie au-delà de vos croyances actuelles jusqu'à un espace où la croyance n'a plus son utilité, car la sagesse absolue s'y est substituée. Mais combien de temps pouvez-vous vous y maintenir et continuer à fonctionner suivant les exigences du quotidien, afin de réaliser l'objectif de votre destinée ? Ceux qui y parviennent « habitent ce monde sans toutefois y appartenir ». À nos yeux, ce sont des maîtres. Nous reconnaissons en eux des avatars. Nous cherchons à suivre leur exemple. Cependant, à ce jour, nous n'avions pas même conscience de ce qu'ils faisaient, encore moins de la manière dont ils le faisaient. Voilà le propos de cette conversation.

Les choses vont changer désormais, n'est-ce pas?
Pas de neige recouvrant les montagnes en juin.
Pas non plus de gelées arrivées tôt ou qui se sont éternisées.
Le genre de différence
qui entache l'âme.
Qui laisse l'Innocent empoussiéré
de chaque nouvelle couleur de Dieu.

Une fois que vous avez vu au loin
et que vous avez été vu profondément,
vous savez que rien n'a jamais été ainsi qu'il paraissait.
Que votre propre reflet est chaque Christ, chaque déesse, chaque
bouddha et brahmine — plus simplement : le cœur de tous.

– «Things Will Be Different Now» © 2008 Em Claire

19

L'ÉTERNELLE ODYSSÉE DE L'ÂME

Pour changer l'idée que vous vous faites sur les raisons du changement, vous devrez modifier votre conception de qui vous êtes, d'où vous êtes, de la raison de votre présence où vous êtes et de ce que vous cherchez à accomplir ici-bas.

Voilà les idées que nous survolons depuis un moment déjà au fil de cette conversation. Ce sont les quatre questions fondamentales de la vie. La plupart des gens ne se sont jamais posé ces questions et y ont encore moins répondu. À mon sens, il est d'importance vitale que vous y répondiez afin de mener une existence heureuse et gratifiante, car ces réponses pourraient modifier radicalement votre point de vue.

Il est également impératif de noter qu'il n'existe pas de réponses uniques à ces questions, de réponses justes. Peu importe la réponse qu'on y apporte, elle est toujours correcte. Dans un univers où la réalité est fabriquée, non pas observée, il est forcément vrai que chacun a raison.

Je viens de mentionner quelques notions passablement importantes. Permettez-moi de les revoir et de les expliciter un peu?

À mon sens, chacun doit se poser quatre questions primordiales pour donner un sens à sa destinée. J'ai souligné que peu importe la réponse qu'on apporte à ces questions, la vie est alors plus significative du fait d'y avoir répondu. Car la réalité est fabriquée, pas observée. Et pour finir, j'ai affirmé que tout le monde a raison à propos de tout.

Toutes ces déclarations touchent un seul aspect : la perspective. Et pour ce qui a trait au fait de tout changer quand tout change, la perspective est la clé.

Voilà le message prépondérant de ce livre. Pour tout dire, c'est peut-être l'unique message. En vérité, notre discussion pourrait se réduire à ces quatre mots :

LA PERSPECTIVE EST TOUT

Si c'est vrai, alors pour transformer entièrement notre attitude face au changement, la première question sera : comment produire, puis modifier notre perspective? Ce livre tente d'y apporter une réponse, d'abord en examinant la mécanique de l'esprit, et ici, en approfondissant le système de l'âme et l'odyssée que celle-ci a entreprise.

Trop longtemps, les domaines de l'esprit et de l'âme ont été traités séparément. Nombreux sont ceux qui estiment que nos réalités physique et spirituelle sont distinctes l'une de l'autre — un peu à l'instar de la séparation entre l'Église et l'État. Malgré tout, dans un monde où tout autour de nous change si rapidement, une telle approche fragmentée face à la vie n'est plus viable.

Je l'ai dit : quand tout change, changez tout. De même que pour négocier notre avenir qui se transforme à fond de train, il nous faut modifier notre façon d'aborder le changement.

J'affirme maintenant que pour réussir, il faut adopter une approche intégrative à notre style de vie. À savoir qu'il nous faut comprendre — et fonctionner depuis cet entendement — que notre vitalité, notre intuition et notre expérience spirituelles ne valent pas moins pour notre expression de la vie ici et maintenant sur terre que notre vitalité, notre intuition et notre expérience mentales. Il nous faut savoir que le spirituel et le mental ne sont pas distincts, qu'ils agissent conjointement sous la forme de ce que je nomme l'être parfait qui est *vous*, et que si nous ne connaissons pas cette expérience (si c'est en effet ainsi), c'est que nous n'en avons nulle conscience. Au cours de notre éducation, ou plus tard, personne n'a pris le temps de nous révéler la vérité sur ce qui se passe vraiment ici.

Attendez une petite minute ! Voilà une accusation écrasante et, pour tout dire, fallacieuse. Plusieurs personnes ont pris le temps d'expliquer les complexités de l'existence à l'humanité. C'est moi et vous peut-être qui n'avons pas pris le temps d'écouter. Et cependant, nous sommes tous les deux à l'écoute, car les événements de notre destinée l'exigent. Les circonstances de notre quotidien nous incitent à chercher des réponses et des approches qui rendent notre existence plus fonctionnelle, joyeuse, gratifiante et honnêtement, plus significative. Et nous tombons sur une explication nouvelle et contemporaine comme celle-ci. Nous y venons et vous y venez, et nous sommes bienvenus ici. Il est tout à fait heureux que nous en soyons là.

Le moment est peut-être venu pour moi de vous raconter comment j'en suis arrivé à cette information, et ce, pour que vous ayez un contexte plus vaste où réfléchir à ce que je partage avec vous.

Vous savez peut-être que j'ai écrit une série de livres intitulés *Conversations avec Dieu* [ou *CAD*]. Ces textes s'appuyaient sur la réception de données provenant d'une source au-delà de mon propre mental. J'ai baptisé cette source « Dieu », car je crois en l'existence d'un Dieu. Je crois également que lorsqu'Il/Elle communique avec nous, Il/Elle le fait de plusieurs façons, dont l'une prend la forme d'une révélation directe.

L'expérience que j'ai vécue était extraordinaire au point d'en faire trois volumes. J'ai découvert alors que je ne pouvais m'arrêter d'écrire, car le courant qui me parvenait ne se tarissait pas et je ne voulais pas garder tout cela pour moi. Six autres livres ont donc succédé à la trilogie d'origine. Six de ces neuf livres se sont retrouvés sur la liste des best-sellers du *New York Times* ; le premier s'est maintenu sur cette liste durant 135 semaines.

Je ne dis pas ça pour me vanter. Je vous laisse simplement savoir que près de huit millions de personnes ont pris connaissance de ce matériel, traduit en trente-sept langues. Cela signifie qu'une quantité formidable d'humains s'ouvrent à des conceptions autres de la vie et à des manières autres d'expérimenter, d'exprimer et de façonner leur réalité actuelle. Dans *CAD*, les textes ne visent pas à ouvrir les gens à ma vérité, mais bien à la leur. Je vous raconte également tout cela pour que vous en veniez à réaliser que vous n'êtes pas cinglé parce que vous examinez sérieusement la destinée sous l'angle présenté ici (plusieurs millions d'autres personnes s'y sont également livrées) et que vous n'avez pas à venir à bout seul des bouleversements et des épreuves que vous vivez.

Aujourd'hui, quinze ans après mon expérience initiale et spectaculaire de Dieu en tant que présence tangible à mes côtés, les éclairs intuitifs continuent de déferler, les instants de conscience apparaissent sans cesse, les visions fugitives du Tout persistent à se manifester. Et ces visions fugitives m'indiquent qu'elles sont accessibles à tous.

Tous.

Quand il s'agit d'accéder à la sagesse et à la communication directe avec le Divin, nul d'entre nous n'est plus privilégié, spécial, béni ou doué que n'importe qui d'autre. Il n'y a pas d'élu. Nous sommes tous doués, tous élus, et la question n'est pas de savoir à qui s'adresse Dieu, mais bien qui écoute.

Cela dit, je voudrais ajouter que ce n'est pas parce qu'on est à l'écoute qu'on entend tout intégralement, que ce n'est pas parce qu'on s'entretient avec Dieu jour et nuit qu'on comprend toute l'information à laquelle on a accès ou qu'on l'interprète correctement, sans se tromper. En ce qui me concerne, je n'ai jamais prétendu et ne prétendrai jamais que les messages publiés sont infaillibles ou qu'ils sont la vérité de Dieu. J'ai simplement fait de mon mieux pour les transmettre comme je les ai reçus par le filtre imparfait de mon être. Et malgré l'état lacunaire de ma compréhension et de mon élocution, ils m'ont apporté de grands bienfaits, une conscience étendue, et ils ont amélioré merveilleusement ma vie.

En partageant ces messages avec le public, j'invite, j'encourage chacun à les conserver au rayon « faites-en ce que vous voulez » et à rechercher en eux la voix de leur propre conscience.

J'espère simplement que mes conversations avec Dieu auront eu pour effet d'accroître le nombre de gens un peu partout qui se tournent vers l'intérieur, là où réside la source de sagesse et de vérité en chacun de nous.

Dans ce cadre, je vous invite donc à examiner d'autres « trucs » destinés au rayon « Faites-en ce que vous voulez », soit les quatre questions fondamentales de l'existence. Voilà à mon sens l'investigation la plus importante que j'aie jamais entreprise.

Mais attendez une petite minute. Le moment semble se prêter à une petite pause, non ?

Lorsque vous serez prêt, poursuivez ce chapitre avec…

VOS RÉPONSES, JE VOUS PRIE…

Ma vie a bifurqué radicalement quand j'ai apporté une réponse à ces quatre questions :

1. Qui suis-je ?
2. Où suis-je ?
3. Pourquoi suis-je là où je me trouve ?
4. Qu'est-ce que je fais ici ?

En vérité, je n'ai pas répondu à ces questions. Je les ai posées. Je me suis tourné vers la source en moi et j'ai lancé ces interrogations. Voici les réponses reçues.

1. Vous êtes une individuation de la divinité. Seul l'Un existe, et toute chose en est une partie. La vie est l'expression de Dieu. Vous êtes une parcelle de la vie et, par conséquent, de Dieu. Ce ne pourrait être le cas si la vie et Dieu étaient en quelque sorte distincts l'un de l'autre, ce qui est impossible.

2. Vous résidez dans la sphère physique, laquelle fait partie de ce que vous appelez le paradis. Il est malheureux que vous ayez l'impression de n'être pas déjà au paradis. Voilà pourquoi votre réalité fictive le conçoit comme un lieu à atteindre. En vérité, vous n'avez rien à faire, rien à être, et nulle part où aller pour goûter le paradis. Il vous suffit de tourner le regard vers la voûte céleste par une nuit étoilée, vers l'écume sur l'océan ou vers l'horizon au crépuscule ou à l'aube, ou plonger votre regard dans celui de l'être aimé. Vous êtes déjà dans l'éden. Vous le désignez simplement par un autre nom, vous réagissez comme s'il s'agissait d'un autre état et, naturellement, vous en avez fait autre chose. La sphère physique est l'un des trois domaines de la réalité trine que vous désignez sous divers noms, dont le ciel, le paradis, le nirvana, l'au-delà, le royaume de Dieu, etc. Les deux autres domaines sont la sphère spirituelle et la sphère spirisique (l'interface entre les deux).

Imaginez-les comme le chiffre 8 à l'horizontale.

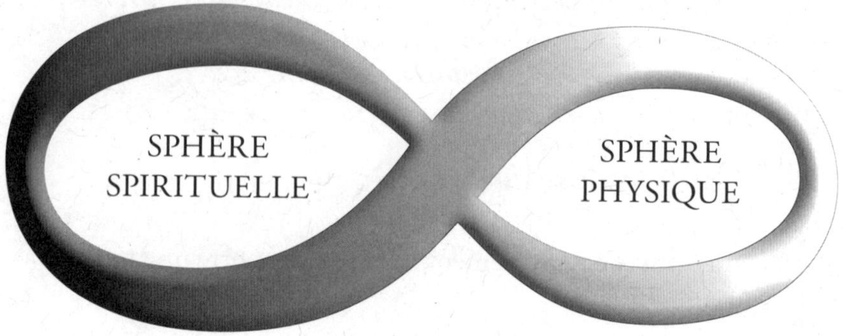

L'être parachevé que vous êtes suit un parcours éternel depuis la sphère spirituelle vers la sphère physique, et dans le sens inverse. La sphère spirisique se situe à la croisée entre les deux. (Cette illustration m'a été transmise sous forme de visualisation simple pour permettre à mon mental de conserver des données impossibles à visualiser, car elles sortent du champ du vécu humain. La figure 8 à l'horizontale est — ce n'est pas une coïncidence — le symbole international de l'infinité.)

Dans la sphère spirituelle, tout existe sous forme absolue, alors que dans la sphère physique, tout existe sous une forme relative. Dans la sphère spirituelle, toute chose est telle qu'elle est dans l'absolu. Dans la sphère physique, toute chose est ce qu'elle est relativement aux autres objets qui sont distincts d'elle. Dès lors, la dichotomie entre petit et grand n'existe pas dans la sphère spirituelle ; elle existe uniquement dans la sphère physique. De même, la dichotomie entre ici et là n'existe pas dans la sphère spirituelle ; elle existe uniquement dans la sphère physique. Il en va de même pour ce qui est de : maintenant et alors, rapide et lent, mâle et femelle, en haut et en bas, lumière et obscurité, bien et mal, amour et crainte — rien de tout cela n'existe dans la sphère spirituelle ; il existe uniquement dans la sphère physique.

Dans la sphère spirituelle, c'est toujours ici et maintenant, et il n'y a que lumière et amour. Ainsi, nous pourrions rebaptiser ces sphères et leur donner les noms…

Dans la sphère de l'absolu, vous connaissez absolument tout et vous le connaissez absolument. Vous ne pouvez néanmoins en faire l'expérience, puisque rien d'autre n'existe. Par exemple, vous savez que vous êtes amour, mais vous ne pouvez faire l'expérience de vous-même en tant qu'amour, car il n'y a rien dans cette sphère qui ne soit pas amour.

Vous pouvez aussi savoir que vous êtes lumière, mais ne pas faire l'expérience de vous-même en tant que lumière, car rien d'autre n'existe que la lumière.

Vous pouvez également reconnaître que vous êtes le bien, mais ne pas faire l'expérience de vous-même en tant que bien, car le mal n'existe pas.

La formule est la suivante :

**EN L'ABSENCE DE
CE QUE VOUS N'ÊTES PAS
CE QUE VOUS ÊTES
N'EXISTE PAS.**

C'est-à-dire que cela ne peut se concrétiser dans votre expérience. Vous pouvez vous connaître conceptuellement, sans toutefois le faire par l'expérience. Vous pouvez vous concevoir sous un certain jour, sans toutefois pouvoir faire l'expérience de vous-même sous ce jour, car rien d'autre n'existe que ce que vous êtes.

Voici donc le dilemme de Dieu : comment peut-il faire l'expérience de lui-même ? En n'étant pas Dieu.

À moins de n'être pas Dieu (soit la complétude de lui-même), ce dernier pourrait concevoir sa magnificence, mais sans en faire l'expérience. Pourquoi ? Parce que rien d'autre que la magnificence n'existe dans la sphère de l'absolu. Dieu pourrait se représenter comme immense, sans fin et intemporel, mais ces concepts n'ont aucun sens puisque rien d'autre n'est pas immense, sans fin et intemporel. Dieu pourrait se représenter son omnipotence, sans toutefois pouvoir faire l'expérience de sa puissance dans un environnement où rien d'autre que la puissance absolue ne règne dans des proportions égales.

Puisque Dieu souhaitait se connaître de manière expérientielle, ainsi que conceptuellement, il a créé un espace dans son royaume (ou si l'on veut, dans la réalité ultime) où l'on peut faire l'expérience de tout ce qui est lui, et le connaître.

Dieu y est parvenu en se fragmentant en un nombre incommensurable de parcelles différentes, en une myriade d'aspects de lui-même, chacune de ces parcelles étant de diverses grandeurs, formes, couleurs, texture et vitesses, de divers sons et degrés de visibilité et d'invisibilité. Ainsi, chaque parcelle du Tout (chaque aspect individué de la divinité) pourrait contempler ce Tout d'où elle est issue et dire : « Oh, mon Dieu ! combien grande est votre magnificence ! » Il suffirait que cet aspect spécifique soit doué d'une conscience suffisante (perception de soi) pour ce faire.

Du coup, s'étant fragmenté en une myriade de parcelles individuelles, Dieu n'eut plus qu'à accorder à quelques-unes de ces parcelles une conscience suffisante leur permettant de reconnaître (re-connaître ou « connaître de nouveau ») la divinité lorsqu'elles se trouveraient nez à nez avec celle-ci. (Les humains n'ont pas tous atteint ce niveau de conscience.) Dieu a institué un système permettant à ses individuations de s'élever à ce niveau ; ce système s'appelle *l'évolution*.

C'est le système de l'âme.

Vous connaissez désormais la mécanique de l'esprit et le système de l'âme. Il y a plus à apprendre néanmoins au sujet de ce système. Nous y arrivons.

Force nous est de constater que la sphère de l'absolu (synonyme de sphère spirituelle) est l'espace où tout connaître se produit et que la sphère du relatif (synonyme de sphère physique) est le lieu où survient l'expérience de tout. On peut ainsi affirmer que l'âme vient sur terre afin de glaner un univers d'expérience.

Nous pouvons dès lors attribuer encore un autre nom au royaume de Dieu

Peu importe l'étiquette que vous choisirez parmi les trois séries énumérées, vous aurez raison. Ce sont des synonymes. On nous a accordé divers noms afin que nous puissions observer la réalité ultime sous l'angle qui a le plus de sens pour nous, et par le fait même, que nous puissions comprendre l'incompréhensible.

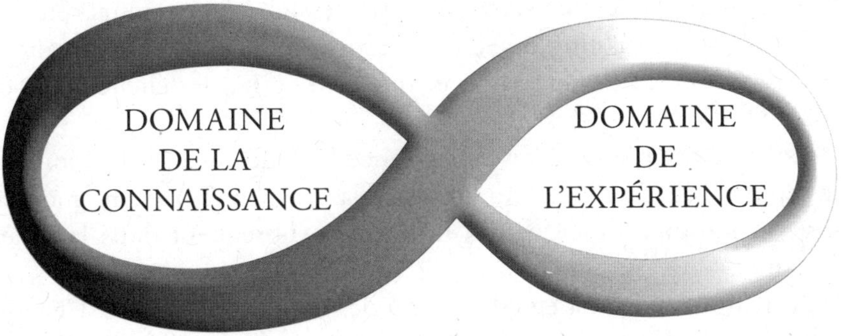

Nous avons toutefois mentionné qu'il existe un troisième domaine dans le royaume (la réalité ultime). Vous vous souvenez ?

Nous avons d'abord précisé qu'il y avait la sphère spirituelle, la sphère physique, et, au carrefour des deux, la sphère spirisique.

Spirisique est, bien sûr, un terme de mon cru, car les langues humaines ne comportent pas de mot pour dénoter la nature de cette sphère. Il ne s'agit pas d'un domaine où s'allient les deux sphères, mais plutôt du lieu d'où elles émanent. Sa nature précise est difficile à rendre en langage humain, mais la troisième série d'étiquettes s'en approche.

Notre troisième série d'étiquettes des sphères du royaume de Dieu se nomment Domaine de la connaissance et Domaine de l'expérience. Le troisième domaine, situé au carrefour, pourrait donc s'appeler le domaine de l'être. Sis à la croisée du chiffre 8, voilà ce que vous vivez lorsque vous traversez, lors de votre passage de la sphère physique à la sphère spirituelle. C'est dans ce domaine intermédiaire que survient l'Être pur.

Vous pigez ? Commencez-vous à entrevoir l'ensemble du tableau ?

Vous vous interrogez : « Qu'est-ce que c'est ? Qu'est-ce que l'Être pur ? »

Je répondrai que dans l'espace de l'Être pur, vous connaissez et faites l'expérience de celui ou celle que vous êtes vraiment. Cette sagesse et cette expérience simultanées sont ce à quoi aspire Dieu. C'est la joie la plus sublime de Dieu. Le prodige de la divinité, connue et exprimée dans son intégralité ! Le nirvana. La félicité. Le paradis.

Et pourtant, le paradis n'est pas restreint à ceci. Le processus dans son ensemble est édénique et le miracle de ce processus, c'est que l'être complet que vous êtes peut goûter au nirvana, à la béatitude et à la joie absolue à n'importe quel stade de ce processus. Le carrefour a été créé simplement pour assurer que chaque aspect individué de la divinité ne s'écarte jamais de ce sentiment et que le nirvana, la félicité et la joie absolue lui soient assurés.

Voilà ce dont vous faites l'expérience lorsque vous « transitionnez » au moment de la mort (qui n'existe pas réellement) et au moment de votre retour à l'incarnation (un retour subséquent dans la sphère physique).

La réalité ultime est en effet un cercle. Un tout parachevé. L'énergie de la vie se déplace de manière circulaire, de par l'éternité. C'est le cycle de la vie. Initialement, Dieu résidait au sein du cercle ; il était le cercle, parachevé. Lorsqu'il s'est individué, il a diffusé les aspects individuels de la divinité en orbite autour du cercle. Ces parcelles et fragments de Dieu infinitésimaux voyageaient si rapidement qu'ils semblaient partout en tout temps. À l'instar d'une roue tournant si vite qu'on dirait un cercle solide et statique, le cycle de la vie reproduit l'éternelle omniprésence de Dieu en engendrant une solidité apparente, là où il n'y a que des parcelles en mouvement.

En se fragmentant en une myriade de ces parcelles, chacune pouvait contempler le Tout et avoir un contexte dans lequel envisager la magnificence de ce Tout — et connaître ainsi Dieu. Néanmoins, comment chacun des aspects individués pourrait-il se reconnaître comme étant Dieu ? Voilà la question ! Pendant sa course le long du cycle de la vie, comment chaque individuation saurait-elle ce qu'elle est vraiment ? Voyant le reste de tout, saurait-elle qu'elle est le reste de tout, sous une forme singulière ?

Pour le savoir, l'aspect individué devrait pouvoir savourer la joie infinie qui était l'apanage de Dieu — car Dieu, grâce au cycle de la vie, peut désormais connaître et faire l'expérience de lui-même simultanément, et c'est effectivement félicité. Et malgré tout, comment pouvait-on garantir que chaque individuation accéderait de même à la félicité ?

Ah, voilà la fin de l'histoire. Donc, pour le garantir, le cercle qu'est Dieu se tordit sous la forme d'un chiffre 8, songeant que si les deux côtés du cercle se rejoignaient en un point, alors la totalité de l'être Dieu pourrait être connue et expérimentée en chacune de ses individuations !

Vous pigez ? Vous voyez maintenant ?

Chaque aspect individué de la divinité, le long de son odyssée au fil du cycle infini de la vie, peut à la fois se connaître et faire l'expérience de lui-même comme celui/celle qu'il est vraiment, à n'importe quel stade du cycle. L'expérience s'offre à vous dès maintenant, à n'importe quel instant de votre présente existence. D'autres ont réussi. Les maîtres l'ont accompli. Les maîtres sont désignés ainsi parce qu'ils se sont reconnus comme étant Dieu.

Quelques-uns parmi vous se sont même désignés ainsi. Cependant, s'ils se qualifient de divins en évoluant à côté de ceux qui ignorent toujours qu'ils le sont aussi, ils risquent de choquer ces derniers, qui iront peut-être même jusqu'à les crucifier ou qui s'éloigneront d'eux, il va sans dire, même s'ils aspirent à être et à vivre ce que ces autres manifestent.

Vous pigez? Vous voyez maintenant?

En atteignant le carrefour de votre cycle de vie actuel, vous connaîtrez la félicité et la joie d'être la complétude de qui vous êtes. Et vous accomplirez bien davantage. Vous déciderez de la manière dont vous souhaitez développer cette réalisation.

Vous choisirez ce que vous souhaitez subséquemment connaître, vivre et être — car la vie est un processus continu de recréation du Moi.

Voilà ce que mijote Dieu!

Et il l'accomplit grâce à la reformation et à la transformation de chaque aspect de lui-même, et ce, un aspect à la fois. Voilà ce à quoi vous vous livrez, en vérité, lors de chaque passage d'une sphère à l'autre au fil de l'éternelle odyssée de l'âme. Vous n'en êtes peut-être tout simplement pas conscient. Lorsque vous le découvrez, lorsque vous êtes conscient de qui vous êtes, d'où vous êtes et de la raison de votre présence ici, vous avez atteint un niveau de conscience suffisant pour réaliser l'œuvre de Dieu et pas uniquement ce qui paraît être la mission de l'incarnation humaine.

Ce fut le sens de mes propos depuis le début, lorsque j'ai mentionné la différence entre la vérité apparente et la vérité factuelle. Tout cela nous conduit à la réponse aux questions fondamentales 3 et 4 :

3. Vous êtes là où vous vous trouvez parce que dans la sphère spirituelle vous pouvez connaître absolument qui vous êtes, mais qu'en termes relatifs vous ne pouvez en faire l'expérience. Par conséquent, vous vous aventurez dans la sphère physique pour acquérir un monde d'expérience.

4. Ce que vous êtes venu faire dans la sphère physique, c'est utiliser les outils et les mécanismes (dont votre corps) qui ne sont à votre

disposition que dans cette sphère, en vue d'atteindre l'expérience de ce que vous avez décidé d'être, dans la sphère spirisique, et qu'alors vous en venez à connaître votre Soi comme dans la sphère spirituelle.

La création et la re-création du Soi représentent un processus en trois stades qui consiste à choisir, à connaître, et à vivre ou à expérimenter. Impossible de faire l'expérience de ce que l'on ne connaît pas et impossible de connaître ce que l'on préfère ne pas savoir.

C'est vraiment tout à fait simple, et la conception du modèle est élégante.

Voilà le système de l'âme. Voilà ce que vous êtes, là où vous êtes, la raison de votre présence ici et ce que vous faites ici.

Je suis ce que je suis

et bien davantage :

lumière, son, manifestation de Dieu au sol.

Je pourrais vous faire voir chaque plume dans l'aile.

Chaque couleur, chaque nuance.

Toutes les merveilles.

Mais

je suis ce que je suis

désire aimer.

Tous ceux qui n'ont pas encore connu l'amour.

Tout ce qui ne l'a pas encore reçu.

La vie n'en a pas terminé.

Il y a tant d'amour

à recevoir

en vivant Dieu au sol.

– « I Am That I Am » © 2007 Em Claire

20

LE POUVOIR DE LA PERSPECTIVE

Tout ce que je viens de vous expliquer ne relève naturellement que de mon point de vue. Il est vrai que je l'ai développé au cours de mes conversations avec Dieu, mais il n'en est pas plus valide que celui d'un autre. Lors de votre visite à l'espace de sagesse en vous, votre conversation produira peut-être une perspective entièrement différente.

Comment est-ce possible s'il n'existe qu'une vérité unique ? Toute vérité est subjective. On ne découvre pas la vérité, on la crée. On ne l'observe pas, on la produit.

La physique quantique nous apprend que tout ce qui est observé est affecté par l'observateur. Cette hypothèse issue du domaine scientifique recèle une intuition incroyable et puissante. Elle signifie que chacun perçoit une vérité différente parce que chacun crée ce qu'il voit.

Incroyable.

Retenez ceci dans votre conscience pendant un moment.

Incroyable.

Pour tout dire, permettez-moi de le répéter afin que vous saisissiez à fond. La science, non la spiritualité, soutient ce qui suit :

TOUT CE QUI EST OBSERVÉ EST AFFECTÉ PAR L'OBSERVATEUR

Autrement dit, le point d'où vous vous placez pour observer détermine ce que vous voyez.

Il semblerait que Dieu engendre l'expérience divine de la dévotion, une individuation à la fois. C'est pourquoi il n'existe pas de réponse juste aux quatre questions fondamentales de la vie. Il n'y a que la réponse que vous leur apportez.

Cela dit, permettez-moi d'ajouter qu'il faut à mon sens impérativement apporter une réponse quelconque si vous aspirez à mener une vie substantielle, gratifiante, qui vous conduira quelque part et vous procurera le nécessaire pour y parvenir en modifiant tout aspect de votre existence que vous ne trouvez pas heureux — entre autres, votre expérience du changement en soi.

L'une des beautés de la vie, c'est qu'il n'est pas nécessaire de fournir systématiquement les mêmes réponses aux questions primordiales de l'existence et qu'il n'y a pas à s'attacher aux réponses données. Nous pouvons changer d'idée à notre guise!

Si, quand tout change, vous souhaitez tout changer, la première chose à modifier serait votre idée sur les raisons d'être du changement. C'est là le changement numéro 6 — un événement susceptible de métamorphoser votre vie et de transfigurer votre réalité.

À mon sens, le changement survient en raison de celui/celle que vous êtes et des motifs de votre présence ici.

J'affirme que le changement survient parce que vous le souhaitez. Et vous le souhaitez parce que vous choisissez invariablement les conditions idéales, les gens et les lieux idéaux qui vous permettront de faire l'expérience de ce que vous devez vivre en vue de l'évolution de votre âme.

J'affirme que votre passage sur terre a un sens beaucoup plus vaste que vous ne l'aviez jamais envisagé. Il s'agit de décider, de créer, d'exprimer et de vivre celui/celle que vous êtes vraiment (contrairement à celui/celle que vous croyez être) et de vous recréer de nouveau à chaque instant en or du Présent, sous la version la plus grandiose du rêve le plus formidable que vous ayez jamais entretenu.

J'affirme que vous êtes en mesure de réussir précisément en vertu de qui vous êtes. Du fait d'être un aspect individué de la divinité, vous avez la capacité de façonner votre expérience de la vie et, par le fait même, de votre réalité.

J'affirme que vous avez l'occasion de réussir chaque jour en faisant appel au mécanisme de l'esprit pour décider de votre manière de réagir à absolument tout ce qui vous arrive et, par conséquent, de vivre, en faisant appel au système de l'âme pour choisir une perspective depuis laquelle réagir.

J'affirme que la perspective est tout.

Seul le système de l'âme convient parfaitement lorsqu'il s'agit de former votre point de vue, car seule votre âme connaît la nature même de cet instant présent et de tous les instants au fil des temps, et seule l'âme les imprègne.

J'affirme que le mental seul ne peut embrasser le moment présent avec une conscience aussi englobante, car il se restreint aux données antérieures pour l'analyser, et que même s'il le voulait, il serait incapable de s'extirper de cette boîte. Vous pouvez toutefois y introduire de nouvelles données appartenant à une perspective plus vaste.

(Voilà ce que vous êtes en train de faire par la lecture de cet ouvrage.)

J'affirme que l'âme a pour rôle de fournir au mental ces données supplémentaires, et que l'aspect en vous qui est divin est sans vergogne. Cet aspect se servira de n'importe quelle stratégie, de n'importe quel moyen, de n'importe qui, de tout ce dont il a besoin pour vous réveiller. Seule l'âme sait quel aspect de la divinité vous êtes censé exprimer et pour lequel l'instant présent a été conçu.

J'affirme qu'à vous servir uniquement du mental, sans la collaboration de l'âme, pour réagir aux événements quotidiens, vous scindez en deux la ligne de causalité et vous restreignez sérieusement votre aptitude à réagir d'une manière qui vous révèle qui vous êtes vraiment, sans mentionner votre capacité à façonner celui/celle que vous voulez devenir.

Rappelez-vous, j'ai souligné que le mental entretient une perspective très circonscrite. C'est, disons-le clairement, tout à fait délibéré. Ce n'est pas un handicap, mais un schème élégant qui permet à un instrument physique limité (le cerveau) d'englober l'expression métaphysique infinie que constitue la réalité ultime. Votre mental restreint traite une donnée à la fois. S'il assimilait sans relâche l'ensemble des données sur la vie, il ne les traiterait pas avec justesse et vous seriez considéré cliniquement comme maboul. Ainsi, pour faire de votre mental un outil valable, l'être complet qui est *vous* s'est assuré que tout ce qu'il sait et comprend est transmis au mental par bribes.

D'accord, c'est beaucoup à assimiler. Avant de vous offrir encore quelques bribes de données, mieux vaut faire une brève pause et respirer.

Bien. Si vous êtes prêt, passons à...

ÉTENDRE LA LIGNE DE CAUSALITÉ

Je fais ici allusion à une identité nouvelle. Aviez-vous pigé ? J'ai défini à plusieurs reprises l'être complet qui est vous comme une entité en soi et, en un sens, il l'est. Il est impératif que vous le sachiez, car cette conscience réside au cœur du procédé pour tout changer lorsque tout change.

L'être complet qui est vous allie le mental et l'âme, ainsi que le corps. Il s'agit des trois composantes que vous êtes, que vous avez toujours été et que vous serez toujours. Le corps, le mental et l'Esprit forment un triumvirat — la Sainte Trinité. C'est Vous, avec un V majuscule. Voici une autre petite information sur le moyen de tout changer : le processus de la vie n'est en rien un apprentissage.

Je sais, tout le monde prétend que « la vie est une école ». Peut-être bien, mais ce n'est pas une école où l'on tente d'assimiler quelque chose que l'on ignorait. Dans cette école, on vous donne l'occasion de vous souvenir de ce que vous saviez déjà.

Au sens strict du terme, vous ne pouvez rien apprendre parce que vous êtes venu ici-bas, dans l'existence physique, déjà en possession de tout ce dont vous avez besoin pour réaliser votre dessein. Votre mental a pour rôle d'engendrer les expériences qui vous permettront de vous souvenir de ce dont vous êtes venu vous souvenir, de vivre ce dont vous êtes venu faire l'expérience, et le constituant de votre être complet que je désigne sous l'appellation « âme » cocrée cette expérience avec votre mental et votre corps en se joignant au mental en vue d'attirer les conditions idéales, les gens et les lieux idéaux qui vous amèneront à réaliser le but de cette existence physique qui consiste, en l'occurrence, à évoluer. Votre âme collabore aussi avec le corps et le mental pour vous dire que c'est ce qu'elle fait et comment elle le fait. Elle sert de guide, d'indicatrice, d'aide et d'assistante, et vous met en contact avec le Divin. *Votre âme est votre connexion à Dieu.*

Dieu est votre âme, poussée à l'extrême. Ainsi, votre âme est une infime parcelle de Dieu reliée à la totalité de son Être. Elle sait exactement où votre mental doit se rendre pour se souvenir de ce dont il doit se souvenir au fil du parcours de votre être complet sur la voie désignée de l'évolution.

Pourquoi lisez-vous cet ouvrage, à votre avis ?

J'ai précisé un peu plus tôt que j'examinerais avec vous l'impact de la perspective circonscrite du mental sur votre réalité et la raison pour laquelle il est de ce fait très sage de passer du temps chaque jour à communier avec votre âme, afin que celle-ci et le mental puissent parcourir ensemble le quotidien.

Désormais, vous savez, vous comprenez. Il est impératif de passer chaque jour du temps en communion avec votre âme d'une manière ou d'une autre afin d'employer le système de l'âme, car cette dernière apporte au mental une perspective plus vaste douée d'une grande puissance. C'est, à vrai dire, le facteur le plus puissant du processus de création de la réalité.

Avez-vous bien entendu ? Cela a-t-il eu un effet sur vous ? Les informations déferlent si rapidement, et en abondance, qu'il est facile de passer à côté des nuances plus subtiles. Permettez-moi de le répéter :

La perspective est le facteur le plus puissant du processus de création de la réalité.

Oui, je sais, j'ai déjà souligné cela à maintes reprises. J'ai souvenir de cette vieille chanson où il est dit : « Embrassez-moi une fois, embrassez-moi deux fois, puis embrassez-moi une fois encore. Ça fait très, très longtemps. » [*Kiss me once and kiss me twice, then kiss me again. It's been a long long time.*] Je fais donc de ces paroles le chant de l'âme :

Dites-moi une fois, dites-moi deux fois, puis redites-moi encore une fois. Ça fait très, très longtemps.

Cela fait très longtemps que vous avez eu pleine conscience de celui/celle que vous êtes et de votre raison d'être. Il y a fort longtemps que vous étiez dans cet espace du *connaître* absolu. Des millénaires en temps terrestre ont passé. Et donc, je vous dis les choses une fois, deux fois, et encore une fois. Car le temps est venu de vous souvenir intégralement, de redevenir membre du corps de Dieu. Il s'agit d'un processus de souvenance.

Vous y parviendrez en élevant votre conscience et, dès lors, en déployant votre perception et en éveillant votre mental, une bribe de donnée à la fois. Comment ? Poursuivez la lecture. Je compte vous l'expliquer. Mais d'abord, voici la dernière bribe de donnée, réitérée pour la troisième fois : la perspective est tout.

Puisque le mental se restreint à une perspective circonscrite, il ne vous servira à rien de persister à l'employer seul en vue de comprendre la vie. C'est toutefois ce que font les gens. Rares sont ceux qui communient au quotidien avec leur âme. Lors de contemplations profondes sur l'existence, ils laissent de côté leur âme. C'est pourtant l'âme, non le mental, qui détient la perspective plus vaste requise pour comprendre la vie et la transformer.

L'âme nous dit que la perspective engendre la perception, que la perception donne naissance aux croyances, que les croyances déterminent le comportement, que le comportement donne lieu aux événements, que les événements génèrent les données, que les données suscitent la vérité, que la vérité fait naître la pensée, que la pensée provoque l'émotion, que l'émotion produit l'expérience et que l'expérience crée la réalité.

Un peu plus haut, j'ai fait référence à la ligne de causalité. Je l'ai présentée ainsi :

Événements + données + vérité + pensée + émotion = expérience = réalité

Je dois maintenant préciser qu'il ne s'agissait que d'une partie de cette ligne de causalité, car je voulais éviter de joncher l'espace d'une foule de données. Quand j'ai reçu ces informations, je n'aurais pu les assimiler toutes en un seul téléchargement. Je n'aurais jamais saisi, me disant : « C'est trop, beaucoup trop ! Trop et trop tôt. Je me tire d'ici ! »

L'âme unique le savait. J'ai donc pris conscience de la ligne de causalité en deux parties et j'ai voulu vous la présenter ensuite de la même manière. J'espère que ça ira.

Par conséquent, voici les derniers éléments de cette ligne de causalité, qui est alors plus longue et qui ressemble à ceci :

Perspectives + perceptions + croyances + comportements + événements + données + vérité + pensées + émotions = expérience = réalité

Cette ligne de causalité plus longue, plus complète nous dévoile ce qui précède l'événement.

Les événements sont engendrés par nos comportements. Les croyances que nous entretenons sont à l'origine de ces comportements. Les perceptions génèrent les croyances. Et les perceptions naissent de nos perspectives.

Voici où intervient l'âme.

C'est l'âme qui est capable d'étendre la perspective du mental au-delà des limites des données actuelles. Elle en est capable grâce à son niveau de conscience. La perception de l'âme découle de son niveau de conscience. La conscience de l'âme naît de la condition même de l'âme. Celle-ci fait un avec tout, par tous les temps et partout.

Il est possible de faire l'expérience de cette condition tout en étant dans l'incarnation, et ce, par n'importe quel procédé de votre choix (il en existe une foule) ; ce procédé doit vous permettre de contourner temporairement le mental pour vous mettre en contact direct avec votre âme.

Nous allons dès lors présenter la ligne de causalité sous sa forme verticale, car c'est ainsi qu'elle est en réalité. À la fin de cette exploration, vous comprendrez parfaitement ce qu'est la causalité, de A à Z.

Voici comment tout cela fonctionne :

ÊTRE
CONSCIENCE
PERCEPTION LUCIDE
PERSPECTIVE
PERCEPTION SENSORIELLE
CROYANCES
COMPORTEMENT
ÉVÉNEMENTS
DONNÉES
VÉRITÉ
PENSÉE
ÉMOTION
EXPÉRIENCE
RÉALITÉ

De l'Être pur découle la conscience, de la conscience découle la perception lucide, de la perception lucide naît la perspective, de la perspective s'ensuit la perception sensorielle, de la perception sensorielle sont issues les croyances, des croyances résulte le comportement, du comportement émanent les événements, des événements naissent les données, des données provient la vérité, de la vérité provient la pensée, de la pensée est issue l'émotion, de l'émotion s'ensuit l'expérience, de l'expérience émane la réalité.

Bien sûr, il n'existe pas de lignes droites dans l'univers. Tout s'incurve sur lui-même. Voilà pourquoi cette ligne est un cercle, et si cette voie circulaire n'est pas interrompue, l'Être reviendra à la réalité ultime, car c'est de cette réalité qu'il émerge.

Dans le monde physique, tout se déroule dans un contexte que nous appelons « le temps », où une foule d'instants s'inscrivent sur une horloge. Il sera peut-être utile de songer que votre âme évolue au travers de ces instants imaginaires, qu'elle travaille vingt-quatre heures d'affilée pour vous apporter l'expérience la plus opulente de celui/celle que vous êtes vraiment.

À chaque « heure » sur l'horloge cosmique, vous vous éloignez de l'Être afin d'y revenir, de le connaître et d'en faire l'expérience de nouveau. En vertu du processus décrit sur cette horloge temporelle, vous vous créez et recréez au fil du « temps ». Pour finir, vous atteignez la onzième heure (*the eleventh hour*, une expression qui signifie « à la dernière minute », NDT). C'est alors que la manière dont vous avez passé les heures dans la journée manifestera son effet.

Maintenant, suivez « l'horloge » avec moi. Si vous avez oublié votre perspective de départ (celle de l'âme), vous aurez une perception qui engendrera une croyance qui produira un comportement qui donnera lieu à un événement qui occasionnera les données conduisant à une vérité qui générera une pensée provoquant une émotion culminant en une expérience qui vous mènera, à la dernière minute, à une réalité déformée.

La question de l'heure est donc : comment se souvenir de notre perspective de départ ? La réponse : en faisant appel au système de l'âme. La mécanique de l'esprit ne vous y conduira jamais, pour la simple raison que l'information sur votre point de départ n'est pas conservée dans le mental.

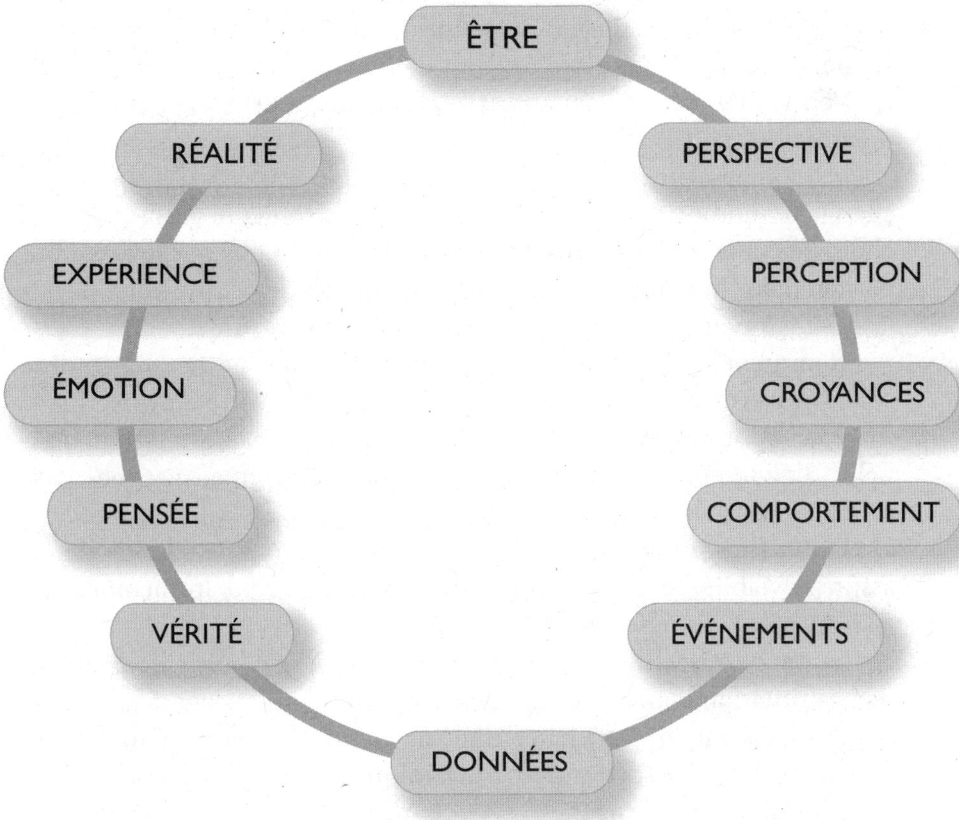

Le mental conserve les données qu'il a recueillies depuis qu'il a atteint une maturité biochimique suffisante pour s'adonner petit à petit à des activités sources de données. Voilà pourquoi les seules données de votre mental sont celles qui portent sur l'aventure de votre corps physique (avant et après votre naissance, ajouterai-je). Toute autre donnée susceptible de s'imposer à votre perception présente provient des cellules de votre corps (sa mémoire cellulaire décrite plus tôt) ou de votre âme, qui sait et comprend tout.

Voilà également pourquoi je vous incite à vous tourner vers l'intérieur. Car, comme il est dit dans *Conversations avec Dieu* : « Si vous vous tournez vers l'intérieur, vous y allez sans rien [*If you go within, you go without*]. » À l'instar de plusieurs personnes dans le monde, je me suis mis en contact avec mon âme en me servant d'un vaste éventail de méthodes.

Plus loin, je décrirai en détail celles qui vous aideront. On m'a signifié très clairement qu'il n'existe qu'une âme unique, dont la mienne fait partie, et que le système de l'âme est d'une élégante simplicité.

Voilà la source d'où j'ai appris la raison qui sous-tend tout changement. Je le répète :

Le changement survient parce que vous le souhaitez. Tout ce qui change se modifie dans votre sens. Vous l'avez souhaité parce que vous choisissez sans cesse les gens, les lieux et les conditions qui se prêteront parfaitement à ce que vous fassiez l'expérience de ce que vous deviez faire subséquemment le long de l'évolution de votre âme.

Comment le changement fait-il avancer votre évolution ? La réponse réside dans votre réaction aux bouleversements de votre destinée.

Voici comment tout cela fonctionne : la vie est toujours fonctionnelle. Si n'importe quel de ses constituants (personne, lieu, objet) se met à esquiver la fonctionnalité, l'existence décèle sur-le-champ cette altération énergétique et instaure une adaptation. Cette adaptation lui assure sa viabilité. L'existence se maintient grâce à cette forme nouvelle, transformée ; elle redevient fonctionnelle.

La petite parcelle de vie (Dieu) que vous êtes choisit de transformer sa situation lorsque les changements qui se produisent déjà (et sans cesse) menacent de provoquer une instabilité dans le système. Votre âme peut déceler le début d'une instabilité systémique bien avant que cette instabilité n'ait engendré un effet négatif. C'est son boulot.

Lorsqu'elle pressent le début d'une instabilité — comme une toupie qui ralentit —, l'âme éveille le mental, qui, à son tour, cocrée activement avec celle-ci (et avec toutes les autres énergies du système) le changement (l'adaptation) susceptible de conserver une situation optimale.

Voilà pourquoi j'affirme que la vie est un processus qui s'informe lui-même sur la vie par l'entremise du processus de la vie elle-même. Vous êtes celui/celle que vous dites être et votre expérience est telle que vous la dites.

(Voilà peut-être l'un des plus merveilleux secrets de l'existence.)

Le changement numéro 6 consiste à modifier votre idée sur les raisons du changement. Il vous pousse à adopter une notion inédite : les changements de la destinée ne sont ni arbitraires, ni sans poésie ni raison. Il s'agit plutôt d'ajustements très sophistiqués au sein d'un système très perfectionné — celui de l'âme.

L'âme, voyez-vous, est ici-bas en mission. Elle n'a pas subitement déboulé ici et ne s'est pas non plus mise dans ce contexte sans un dessein, une raison, une fonction ou une intention. L'âme sait exactement ce qu'elle fait ; votre mental, votre corps et le plan physique tout autour sont les modalités par lesquelles elle (et toutes les autres âmes) l'accomplit.

La vie conspire pour nous inonder
d'une grâce incessante.
Qui, parmi nous, n'a pas été touché par cette main généreuse
nous délivrant,
un
ou plusieurs strates
à la fois ?
Vous êtes le chanceux
qui a connu l'annihilation
puis, de nouveau, l'absorption dans l'amour
que nous recherchons.
Et c'est vous qui savez
que même si le hurlement de l'âme
déchire votre poitrine,
l'univers tout entier
tressaille
d'amour.
En ce lieu de Tout,
il n'y a enfin nulle part
où tomber.

– « Unrelenting Grace » © 2006 Em Claire

21

LE SEPTIÈME CHANGEMENT

Cela nous conduit au changement subséquent sur la liste de neuf changements, soit celui qui fait progresser l'évolution de votre âme en vous focalisant ailleurs que sur la situation actuelle, vers demain.

Le système de l'âme, ne l'oubliez pas, est un système d'énergies qui agissent sur elles-mêmes. Leur effet est circulaire. Comme on le dit si bien : tout finit par se payer [*what goes around comes around* — au sens propre : ce qui tourne revient].

Autrement dit, la ligne de causalité est semblable à cette horloge de l'analogie utilisée plus haut. Elle conjugue le système de l'âme et la mécanique de l'esprit.

Si vous ignorez ce rapport, alors vous aurez tendance à prêter attention à un seul de ces systèmes. Vous aurez la tête dans les nuages nuit et jour (comme s'en inquiétait mon père), vous serez totalement dissocié de la réalité physique ou vous vivrez le nez collé systématiquement au sol (comme je l'ai fait pendant un moment pour compenser, en réaction à mon père), tout à fait déconnecté de votre réalité spirituelle.

D'une manière ou d'une autre, vous créerez et ferez l'expérience, à la onzième heure, d'une réalité déformée, non de la réalité ultime. Il vous sera difficile de passer même à la réalité observée, ce qui est déplorable, car c'est un espace tout à fait unique. Règle générale, rares sont ceux qui y accèdent et un nombre encore réduit d'individus réussit à s'y maintenir. Vivre dans la réalité observée est donc une condition raréfiée. Dans cet état, nous ne déformons rien et nous percevons tout tel que c'est en termes humains, voire en termes spirituels. Essentiellement, nous nous extirpons de notre drame et de notre scénario, ce qui est susceptible d'apaiser notre angoisse.

Le processus que j'ai inventé et dont je me sers lors des ateliers « Tout changer » permet aux gens d'y parvenir. Les participants sont dès lors en mesure de passer très rapidement de la réalité déformée à la réalité observée. J'aime à dire que ce processus peut vous faire passer des larmes au rire en sept minutes. (J'en ai été témoin pendant les stages !)

Ensuite, nous allons plus loin. Nous faisons passer les participants du rire à la joie procurée par la perception lucide, un degré de bonheur tout autre. Il ne s'agit pas simplement de calmer sa peur, mais de la transmuer, de modifier la signification même du terme. Nous utilisons l'acronyme FEAR [*Feeling Excited And Ready* ou « se sentir excité et prêt »]. (Notez que cet acronyme signifie « peur » en anglais, NDT.)

Celui qui réside dans la vérité factuelle et, par le fait même, sur un plan supérieur du domaine de la réalité ultime, est à jamais dans cet espace et il se sent toujours « excité et prêt », car il ne perçoit jamais ce que perçoit celui qui vit dans la réalité observée, et ce, parce que celui qui vit dans la réalité ultime voit tout depuis un angle totalement différent, depuis cette troisième réalité dont la psychologie clinique contemporaine n'admet pas l'existence.

Vous vous souvenez ? La position de l'observateur détermine ce que ce dernier perçoit. Et il s'agit de vivre en tant que tout intégré, où les trois composantes de la totalité de votre être — le corps, le mental et l'Esprit — créent, expriment et réalisent votre conception actuelle de qui vous êtes et de celui/celle que vous choisissez d'être, et où vous tirez cette conception non pas de la vérité imaginaire ni de la vérité apparente, mais du troisième degré de la vérité : la vérité factuelle.

En faisant de la vérité factuelle votre point d'origine, vous pouvez faire appel à la mécanique du mental pour transformer tout événement. Et vous accédez à la vérité factuelle grâce au système de l'âme pour modifier votre perspective.

Est-ce bien vrai ? Est-ce vraiment possible ? Voilà des questions raisonnables, et vous vous interrogez peut-être en ce sens présentement. Je suis venu (ou plus justement, vous m'avez conduit à vous) pour vous dire ceci : oui, c'est bien vrai. C'est ainsi que l'âme et le mental collaborent en un processus synergique qui laisse l'être complet qui est vous réaliser ce que vous êtes venu accomplir ici-bas, soit vous servir de cette vie suivant vos intentions.

Jusqu'ici, je vous ai invité à appliquer six stratégies : modifier votre décision de faire cavalier seul, modifier vos émotions, modifier vos pensées, modifier vos vérités, modifier votre conception du changement, et modifier votre opinion sur les raisons du changement.

Sur ces prémisses, je vous invite à effectuer un changement prodigieux, un changement monstre, un changement herculéen, gigantesque, gargantuesque. Je vous invite au

CHANGEMENT NUMÉRO 7

Modifier votre idée sur l'avenir

Vous ne vous êtes peut-être pas encore aperçu que le système de l'âme peut s'appliquer aux changements futurs de même qu'aux remous du présent. C'est le cas, pourtant. En fait, c'est là sa plus grande qualité, car il peut changer non seulement le moment présent, mais votre existence tout entière.

J'ai souligné à plusieurs reprises que le changement survient parce que vous le souhaitez. Et vous le souhaitez parce que vous choisissez systématiquement les gens et les lieux idéaux ainsi que les conditions idéales qui vous permettront de faire l'expérience de ce que vous désirez vivre le long de l'évolution de votre âme. Vous n'avez peut-être pas l'impression que les bouleversements actuels ont été causés par vous, mais c'est ainsi sur un plan métaphysique très élevé, par l'intermédiaire du processus d'échange d'énergie synergique. En termes plus simples : la pensée en action. Certains l'ont baptisée la loi d'attraction.

Et malgré tout, pourquoi voudrait-on attirer un événement qui semble malvenu ? Parce que ce n'est qu'à votre mental qu'il semble fâcheux. Aux yeux de votre âme, il est tout à fait clair que le changement actuel constitue votre affirmation simple et intuitive des principes de la vie (la vie est éternellement fonctionnelle, adaptable et viable). Vous vous interrogerez : « Mais en quoi ce qui m'arrive est-il bon pour moi ? »

Eh bien, vous pouvez le vivre de deux manières. Vous pouvez attendre que le temps passe et vous l'enseigne (ce qu'il fera inévitablement) ou vous pouvez le comprendre dès maintenant. Cette prise de conscience réside en votre âme, non dans le mental. Votre âme vous enseignera dès maintenant ce que votre mental vous révélera plus tard. Après, suivant le cours des événements, vous verrez que tout ce qui vous est jamais arrivé visait l'amélioration. Quelle affirmation ! Quel Dieu nous avons !

Il est fascinant (et important) de soulever la question suivante : qu'en est-il de la condition déplorable des êtres qui ont enduré des épreuves inimaginables ?

Je sais, je sais... Et je suis d'accord qu'il est excessivement difficile pour la perspective circonscrite du mental humain de concevoir que de telles souffrances sont admissibles, justifiées ou délibérées de la part de l'âme. Pourtant, *Conversations avec Dieu* est très clair sur ce point : il n'y a pas de victimes ni de mécréants en ce monde. Tout événement survient en vue du dessein évolutionnaire suprême, et il est remarquable qu'une âme s'incarne parfois à une époque et dans un but qui servent l'ordre du jour d'une autre âme.

On peut affirmer cela au sujet de l'homme du nom de Siddhartha Gautama, communément appelé le Bouddha. On peut également l'affirmer au sujet de Moïse, qui a guidé son peuple hors du désert vers la Terre promise. Il en va de même pour Jésus-Christ, dont le message a influé sur l'humanité tout entière, et de Muhammad ibn Abdullah, béni soit son nom, un diplomate, marchand, philosophe, orateur, législateur, réformateur, général militaire et d'après les croyances musulmanes, un agent de l'action divine, un messager et prophète d'Allah. On peut l'affirmer aussi de nombreux autres maîtres, avatars et saints, quelques-uns fort célèbres, d'autres inconnus, mais aisément repérables par leurs actions, par ce qu'ils ont donné et ce qu'ils ont sacrifié afin de servir l'ordre du jour sacré et saint d'autrui.

(Un livre merveilleux, *La petite âme et le soleil*, succès de librairie de la littérature pour enfants inspiré du message de *Conversations avec Dieu,* décrit cette idée, ce concept avec de jolis mots accessibles aux enfants.)

Cette catégorie comporte une multitude de personnages contemporains, ou de saints de l'heure, autres naturellement que les membres de cette école religieuse [Latter-Day Saints ou l'Église de Jésus-Christ des Saints des Derniers Jours, NDT]. Des êtres comme Mère Teresa, Paramahansa Yogananda, le Mahatma Gandhi, Martin Luther King fils, et même des personnages de l'histoire plus récente tels que Nelson Mandela, tenu en captivité pendant près de trente ans et qui a pardonné à ses geôliers dès sa sortie de prison en demandant à son pays de les absoudre.

Quel genre d'homme est-ce? C'est quelqu'un qui a écouté son âme, pas seulement son mental, et recadré ses expériences en adoptant une perspective qui l'a ouvert à une perception, laquelle a suscité une croyance modifiant son comportement de manière à produire des événements à l'origine de données pour le mental qui ont fait naître une vérité d'où sont issues des pensées génératrices d'émotions touchant le monde entier et une expérience ayant ennobli la réalité de l'humanité à jamais.

Et ces saints de l'ère moderne ne sont pas à l'évidence que des personnages à la tête de mouvements ou de nations. Votre propre mère ou votre père en faisait peut-être partie. Sinon les deux. Des gens ordinaires qui accomplissent des choses extraordinaires se sont souvent sacrifiés pour servir l'ordre du jour sacré et béni d'autrui. Impossible de deviner ce qu'est cet ordre du jour, mais on peut constater qu'il faut des saints contemporains pour le mettre en œuvre. Ronald Cotton est l'un de ces saints de l'ère moderne. Il a mené une existence tout à fait banale, derrière les barreaux.

Ronald a été inculpé du viol de Jennifer Thompson, une nuit en 1984 à Burlington, en Caroline du Nord. J'ai entendu cette histoire à l'émission *60 Minutes* de CBS News. Dans ce reportage, on expliquait que Jennifer avait identifié Ronald comme son agresseur et que ce dernier avait passé onze ans en prison pour payer son crime. Le seul problème, c'est qu'il était innocent. Il déclara n'avoir rien fait, mais personne ne le crut. Après tout, comme on le souligna à *60 Minutes*, Jennifer Thompson l'avait reconnu, elle était persuadée de tenir le bon suspect.

Toutefois, en 1995, de nouvelles preuves par l'ADN révélèrent qu'un autre individu avait commis ce viol. Après onze ans de prison pour un crime dont il était innocent, Ronald Cotton fut libéré. Sa libération fit la une de tous les médias et fut le sujet d'un reportage en mars 2009 à l'émission *60 Minutes*. Aujourd'hui, Ronald Cotton et Jennifer Thompson sont devenus amis. Pour tout dire, ils ont même rédigé ensemble, avec la collaboration de l'écrivain Erin Torneo, le livre *Picking Cotton* [Identifier Cotton], qui relate leur histoire. Le plus fascinant, c'est qu'ils sont devenus d'excellents amis. Ils discutent souvent au téléphone et voyagent ensemble pour mettre en lumière les problèmes des preuves apportées par les témoins oculaires.

D'après le récit tragique qu'il fit à *60 Minutes*, la première fois que Ron Cotton vit Jennifer Thompson après sa libération, celle-ci lui avoua, le visage baigné de larmes : « Si je passais chaque seconde de chaque minute de chaque heure du reste de mes jours à vous dire à quel point je suis désolée, cela ne suffirait pas à traduire les sentiments de mon cœur. Je suis tellement désolée. » Elle raconte que Ronald lui a simplement tendu la main, qu'il a pris la sienne et qu'il lui a soufflé : « Je vous pardonne. »

Cotton rapporte qu'il s'est entretenu à voix basse avec la femme dans une église où elle lui avait donné rendez-vous et qu'il lui a dit : « Je ne veux pas que vous songiez au passé. Je veux simplement que nous soyons heureux et que nous tournions la page. »

Quel genre d'homme voit le visage de celle qui l'a faussement accusé d'un crime pour lequel il a purgé une peine de prison de plus de dix ans, et lui pardonne spontanément ?

Eh bien, il s'avère que les humains sont capables de ces réactions extraordinaires lorsqu'ils étendent leur perspective au-delà des contraintes du mental et adoptent celle de l'âme. Ils ne savent peut-être même pas consciemment que c'est ce qu'ils font (ou ils ne le formulent pas ainsi), mais ils effectuent un choix sur la vie et sur la manière de la mener, un choix qui devrait émaner d'un espace intérieur profond, bien au-delà de la portée du mental.

En faisant appel au système de l'âme (votre suprême connaissance) et à la mécanique de l'esprit, vous alliez deux des procédés les plus puissants à la disposition de l'humain, à savoir que tout ce qui s'est jamais produit visait votre bien suprême et que votre évolution la plus rapide procure beaucoup de pouvoir. Et cela signifie que tout ce qui vous arrivera à l'avenir sera de même pour votre bien.

Voilà qui altère radicalement votre conception des changements à venir. Il n'y a plus à les craindre. Et en étant sans appréhension, vous

vous rendez maître des événements, car vous êtes désormais libre de poser les actes et de prendre les décisions les plus appropriées au lieu d'opter pour les actes et décisions les plus circonspects.

Le désir déclenche le processus de création, pas la prudence. Jamais la prudence, mais invariablement le désir.

Déterminez ce que vous désirez le plus, puis chevauchez ce sentiment jusqu'au bout de la création. C'est ainsi que l'on fait appel à la loi d'attraction. Dit plus simplement, c'est la pensée en action. Dit sur un plan métaphysique très avancé, c'est le processus d'échange synergique d'énergie.

Tout est énergie. Au sein de ce champ énergétique, les semblables s'attirent. Ce que vous pensez, vous le créez. Pourtant, ce que vous croyez correspond à ce que vous pensez et ce que vous percevez correspond à ce que vous croyez — et toutes vos perceptions dépendent de ce que vous croyez.

ET

Votre réalité actuelle façonnera votre perspective ultérieure.

C'est un cercle. Vous avez déjà entendu tout ça, mais je veux que vous saisissiez parfaitement. Si vous vous extirpez d'une réalité déformée, il est possible que vous emportiez cette distorsion dans votre perspective subséquente, passant directement à l'espace de l'Être pur, d'où émane la perspective de l'âme. Cela influera sur votre prochaine perception, qui influencera à son tour votre croyance subséquente, laquelle touchera votre comportement ultérieur, influant dès lors l'événement qui vient et, bientôt, toute l'horloge de votre vie jusqu'à la création de votre instant de réalité ultérieure.

Ça n'ira pas du tout. Votre vie ira clopin-clopant si votre réalité déformée est solide et donne l'impression d'être réelle au point que son énergie agit sur votre perspective ultérieure. Voilà pourquoi on vous incite à communiquer avec votre âme, qui repose entre votre dernière réalité et votre perspective ultérieure (à la hauteur de midi sur l'horloge de l'existence). Ce que l'âme apporte à ce processus, contrairement au mental qui en est incapable, c'est la perspective plus vaste que j'évoque.

Une fois que vous aurez adopté cette nouvelle perspective, que vous aurez intégré les nouvelles données aux anciennes données de votre mental, vous pourrez entretenir une pensée nouvelle sur vos lendemains et sur ce que vous souhaitez être. Il n'est pas nécessaire d'être tenaillé par l'inquiétude, l'anxiété, la négativité ni quoi que ce soit qui soit moins qu'une vision souriante de votre avenir — même si vous pensez qu'aujourd'hui a été épouvantable! Savoir que tout événement s'avère pour le mieux, que tous les aboutissements conviennent parfaitement à votre évolution, vous apporte une confiance extraordinaire en l'avenir. Et c'est là que réside votre pouvoir.

D'accord, cela suffit pour l'instant. Je vous invite maintenant à *poser ce livre pour un moment.*

Donnez-vous la chance de tout assimiler. Revoyez les notes que vous avez inscrites dans les marges. (Vous avez bien pris des notes, n'est-ce pas ?) Écrivez un peu dans votre journal. (Vous tenez un journal, n'est-ce pas ?)

Lorsque vous vous sentirez renouvelé, passez à…

VOTRE CONCEPTION NOUVELLE DES LENDEMAINS

J'affirme que la vie est une énergie qui s'alimente à elle-même. La vie engendre plus de vie, grâce au processus même de la vie, et l'énergie de la vie se reproduit. Je précise que le fait de considérer un événement présent sous un jour positif non seulement transforme notre expérience de cet événement, mais enclenche des énergies qui généreront des événements futurs. Modifier votre conception du changement futur métamorphosera votre existence — le changement numéro 7 sur la liste.

Vous produisez ce que vous projetez. Vos conclusions deviennent vos créations. Et tous ces trucs.

« Tous ces trucs » renvoient à ce que les maîtres spirituels de tout acabit, de toute confession et de tout credo ont transmis à l'humanité depuis le début des temps. Tous les maîtres spirituels enseignent la même chose. Ne trouvez-vous pas cela plutôt insolite ? Toutes les religions préconisent une même doctrine. N'est-ce pas fascinant ? Toutes les philosophies s'entendent sur ce point particulier, sur la question de la nature de l'existence et de ce qui fait tourner le monde : il vous sera fait selon vos croyances.

James Allen a écrit un petit opuscule extraordinaire sur le sujet. Il s'intitule *L'homme est le reflet de ses pensées.* Je l'ai lu il y a trente ans, et il a transformé ma destinée.

Dans le site Internet à l'adresse self-improvement-ebooks.com, il est dit que cet auteur mystique (1864-1912) a formulé en ses propres mots ce que le Bouddha a enseigné, à savoir que nous ne sommes que le résultat de nos pensées. Le texte d'Allen l'exprime ainsi : « L'homme sera ce qu'il pense en son cœur. »

Dans le même site, on ajoute ceci : « Le message d'Allen en est un d'espoir au cœur de la confusion. Oui, dit l'auteur, l'humanité est en proie à des passions incoercibles, elle est bouleversée par un chagrin viscéral, elle sombre dans les affres de l'anxiété et du doute. Seul l'homme sage, celui dont les pensées sont maîtrisées et purifiées, se fait obéir des vents et des tempêtes de l'âme. »

C'est là précisément ce que je vous ai enseigné ici. Encore une fois, je le souligne, c'est là ce que soutiennent tous les maîtres et auteurs spirituels depuis toujours. Confirmant de manière sidérante le livre même que vous êtes en train de parcourir, James Allen écrivait, il y a cent ans : « Âmes égarées dans la tempête, peu importe où vous êtes et les conditions dans lesquelles vous vivez, sachez ceci : dans l'océan de la vie, les îles de béatitude sourient et le rivage ensoleillé de votre idéal attend votre venue. »

Et on poursuit ainsi dans le site : « Allen enseigne deux vérités essentielles : aujourd'hui, nous nous trouvons là où nous ont conduits nos pensées, et nous sommes les architectes, pour le meilleur ou pour le pire, de notre avenir. »

Mes fils adultes gèrent les événements d'une manière bien à eux. Peu importe ce qui se passe, ils disent simplement : « C'est tout bon. »

Vous ratez un rendez-vous pour déjeuner avec quelqu'un ? « C'est tout bon. » La voiture refuse de démarrer ? « C'est tout bon. » Ça me plaît. J'adore. Quelle perspective ! Quel excellent point de départ ! Voilà comment façonner un merveilleux lendemain !

Vous créez à partir du nouveau point d'origine au sujet d'aujourd'hui ! Chaque jour, nous avons l'occasion d'observer directement le cours des événements, de sourire et de rigoler de nous-mêmes en disant : « C'est tout bon. »

Ajoutez à cela un énorme merci à Dieu d'avoir accordé à la vie cette magnificence, de sorte que nous puissions créer une expérience toute neuve de celle-ci n'importe quand.

La réalité observée est, à mon dire, une réalité merveilleuse — c'est un état de l'expérience très évolué et rarissime, un état auquel peu de gens accèdent. On s'attendrait à ce que la réalité observée soit l'expérience la plus courante parmi la race humaine, mais, en vérité, il s'agit d'un état de conscience supérieur auquel les gens n'accèdent que très rarement au cours de leur existence tout entière. La plupart du temps, les humains habitent leur vérité imaginaire et, par conséquent, ils vivent une réalité déformée.

Il est possible pour vous de savoir que vous vivez la réalité observée, car il est clair alors qu'à l'instant même rien d'autre ne se passe que ce qui est en train de se passer.

Dès que vous prêtez attention à ce qui se passe maintenant, vous réalisez que tout le négatif que vous attribuez à ce « maintenant » n'est constitué que de vos ajouts. Ce ne sont que des trucs qui n'appartiennent pas vraiment à la situation. Vous les y apposez par la pensée.

Pour éliminer la souffrance causée par l'événement en cours, il suffit de cesser d'y ajouter une souffrance supplémentaire. Coupez le courant ! Évacuez l'instant présent du passé déplorable ou de l'avenir malvenu. Entretenez une pensée inédite au sujet de maintenant et faites-la naître sur-le-champ !

C'est tout bon !

« Comment pouvez-vous prétendre une telle chose alors que je viens de perdre mon boulot ? » pourriez-vous me dire en protestant. Et vous auriez raison. Ou « Comment pouvez-vous affirmer une telle chose alors que mon bien-aimé vient de mourir ? » Ou encore, « alors que ma relation amoureuse vient de prendre fin ? »

Ce sont là des moments éprouvants, stressants. Je ne dis pas qu'ils ne le sont pas. Ce genre d'adversités remettra en cause nos opinions sur la bienveillance de notre univers à notre égard. Seul le savoir absolu de l'âme, selon lequel, en définitive, tout est pour le bien de tous ceux qui sont touchés, est alors susceptible de nous apaiser.

La vie (et toute condition ou circonstance et tout rapport humain) est fonctionnelle jusqu'à ce que sa stabilité soit en péril. En l'occurrence, elle devient adaptable. Par conséquent, elle se rend viable en changeant de forme.

Voilà ce qui se produit lors du décès d'un être aimé ou lors de la cessation de n'importe quoi — amour, emploi, style de vie, tout. Rien ne change, sauf pour s'améliorer.

À l'instant même, vous vous moquez peut-être de ces allégations. J'y reviens pourtant : je suis prêt à vous parier que si vous évaluez la situation en toute honnêteté, vous acquiescerez au fait que quelques-unes des épreuves les plus cuisantes que vous avez vécues se sont avérées au bout du compte les meilleures choses qui vous soient arrivées.

Un maître perçoit cette vérité en tout. Je n'en suis pas un, je ne m'approche même pas de ce niveau. Pourtant, dans ma propre vie, cela s'est toujours avéré exact. Vous savez déjà qu'il y a quinze ans j'ai subi un accident de la route où je me suis fracturé la nuque, ce qui a entraîné deux années de réadaptation ainsi que la perte de mon emploi et, par conséquent, de mes revenus. En définitive, j'ai dû vivre sous une tente pendant un an, réduit à la mendicité au coin des rues, bravant toutes sortes d'intempéries juste pour me tenir au chaud, au sec et pour m'alimenter.

C'est le pire qui peut arriver à un être humain, n'est-ce pas ? Le cauchemar suprême, non ? Eh bien, oui et non.

Au début, ce fut terrifiant. Je n'aurais jamais imaginé, même dans mes rêves les plus insensés, me retrouver un jour parmi les SDF [sans domicile fixe]. Mais une fois que je me suis retrouvé là, dehors, à vivre sous cette tente, il m'était impossible de concevoir comment j'allais faire pour avoir de nouveau un toit sur la tête.

Aujourd'hui, avec le recul, je constate que ce fut l'une des meilleures choses qui me soit arrivée. Cette déconfiture m'a inculqué des leçons sur la vie que je n'aurais jamais pu apprendre autrement. Elle m'a permis de mieux comprendre mes propres ressources intérieures. Elle m'a conduit à un degré de compassion et d'affection profondes à l'égard de chaque membre de la race humaine. En outre, elle m'a ouvert à une perception lucide de Dieu et à un sens de la vie qui ont transformé tout ce que je croyais comprendre. Elle m'a aussi conduit à une expérience fraîche de chaque instant comme un cadeau ineffable.

D'accord, vous pourriez objecter qu'il s'agit d'un heureux scénario où « tout est bien qui finit bien », mais j'ai appris que tout finit bien si je lâche prise et je laisse libre cours à Dieu, si je consens aux tumultes de l'heure sans m'y opposer.

Cela ne signifie pas de ne rien faire, mais plutôt de n'opposer aucune résistance.

Ce à quoi vous résistez persistera. Ce que vous regardez disparaîtra. Autrement dit, la situation perd sa forme illusoire. La non-résistance nous délivre de ce qui est fictif et nous éveille à ce qui est apparent, nous dévoilant enfin la vérité factuelle. Il s'agit de « nous délivrer du mal... » Soudain, des choix s'offrent à nous, des choix qui semblaient complètement bloqués auparavant. Grâce à un changement de point de vue, tout change.

Voilà le véritable pouvoir du changement numéro 7.

Si vous comprenez que tout changement survient en vue de perpétuer l'harmonie dans l'univers, si vous y croyez vraiment, même si cela paraît invraisemblable, si vous êtes persuadé que la vie est censée être heureuse et si vous savez que tous les scénarios ont une fin heureuse quand vous évitez de les entraver avec votre amertume, votre colère, votre ressentiment, votre frustration et votre refus de croire à une conclusion heureuse (essentiellement le blocage le plus important de tous), alors vous modifiez votre idée concernant la nature des événements et, du coup, vous changez votre idée sur ce qui surviendra.

Votre existence ne vous a-t-elle pas démontré que tout vise à votre dessein évolutif suprême ? Bien sûr ! La preuve, c'est que vous êtes toujours là.

« Oui, direz-vous, mais voyez ce qu'il m'a fallu faire pour en arriver là ! » J'en conviens, la route n'a peut-être pas été facile, mais c'est parce que vous n'aviez pas les outils qui sont désormais à votre disposition. Et malgré tout, même en l'absence de ces outils, vous avez survécu !

En somme, qu'est-ce qui vous laisse croire que demain sera différent ?

Nous constatons ainsi que la question n'est pas de savoir si vous allez survivre, mais comment. Serez-vous heureux ou morose ? Retrouverez-vous goût à la vie ou sombrerez-vous dans le découragement, la mauvaise humeur et le désappointement ? Serez-vous une bénédiction, ou un fardeau, pour les gens qui vous entourent ?

Vous abordez l'expérience présente exactement de la manière dont vous créerez l'expérience ultérieure. Et voilà pourquoi modifier votre idée sur l'avenir possède cette puissance.

Le stratagème consiste à transformer cette intuition en prévention. À comprendre cela aujourd'hui au sujet de vos lendemains. À savoir clairement que la destinée est de votre côté.

Cela ne signifie pas que tout aboutit toujours à ce que vous voulez, mais que parfois ce que vous désirez n'est pas toujours ce qui vaut mieux pour vous.

Pardon ? Est-il possible de souhaiter quelque chose qui n'est pas dans notre intérêt ? Bien sûr. C'est ce que l'on fait tout le temps, parce qu'on ne discerne pas toujours ce qui vaut mieux pour nous. Et parce que les gens ne savent pas vraiment qui ils sont, où ils sont, ce qu'ils sont venus faire ici-bas, et la raison d'être de tout cela.

Répondez donc à ces quatre questions fondamentales pour vous-même, puis transformez votre vision du changement à venir. Laissez tomber la notion qu'il est impossible d'influer sur l'avenir. Dites-vous que le futur ne vient pas À vous, mais qu'il vient PAR vous.

Le changement futur qui viendra à vous est celui que vous instituerez par vos pensées, vos paroles et vos actions d'aujourd'hui. Ce sont trois outils de création, et si vous souhaitez étayer cette idée et avoir une explication détaillée de la manière dont vous êtes l'auteur de votre propre réalité, consultez le premier tome de *Conversations avec Dieu* et accordez-vous le bonheur de lire l'un des textes les plus inspirants et aptes à métamorphoser votre existence que vous aurez jamais l'occasion de lire.

Si vous l'avez déjà lu, relisez-le. Si vous ne l'avez jamais lu, faites-le maintenant, puis voyez ce que vous en pensez. Assimilez ce qui résonne en vous, intégrez-le à votre vérité vivante.

Oui, oui, oui… modifiez votre idée sur des changements à venir tout en changeant votre pensée au sujet des changements révolus.

Que vous a-t-on offert ?
Je veux dire de cette perte.
Après ce qui a été emporté.
Cette chose sans laquelle vous ne pouviez vivre.
L'être ou le lieu,
le secret ou les circonstances.
Maintenant qu'il a disparu,
ou qu'il a été découvert
et que vous ne pouvez plus l'appeler votre base,
que vous a-t-on donné ?
Vous savez, et je sais, ceci :
il y a un vide qui se forme.
Quelque chose vient et vous ouvre au beau milieu
et dès lors vous n'êtes plus immunisé contre ce monde.
Vous vous réveillez, vous errez,
tous les familiers désormais étrangers.
Vous déambulez comme dans de l'eau
jusqu'à ce que vous retourniez au lit,
et pour finir, même là —
le parfum de votre oreiller, de vos draps est différent,
comme si l'on repeignait la chambre chaque jour,
en déplaçant un objet, un souvenir adoré.
Parfois, on nous vide, voyez-vous.
On nous vide
parce que la vie cherche à nous faire
connaître davantage de lumière.

– « What Is It That You Were Given ? » © 2006 Em Claire

22

LE HUITIÈME CHANGEMENT

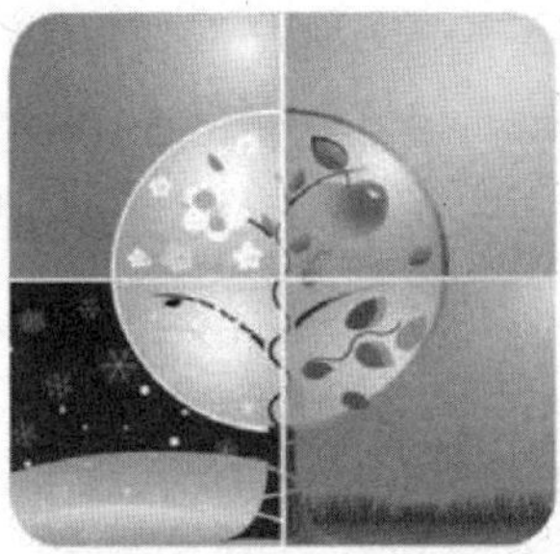

Nous achevons notre échange et il faut que vous sachiez que je comprends tout à fait l'impact qu'ont eu sur vous les bouleversements que vous vivez. Que ce soit la perte d'un emploi, d'une maison, d'une relation amoureuse, de la détérioration de votre santé ou du décès d'un être aimé, peu importe la nature du changement, je connais ses effets sur vous. Je suis prêt à vous accompagner au fil de cette adversité, tout comme les autres accompagnateurs spirituels à votre disposition sur www.changingchange.net.

Que vous fassiez appel au soutien qui s'offre à vous sous maintes formes sur le site ou que vous obteniez des secours ailleurs, je vous conseillerais de ne pas tenter d'esquiver ce que vous vivez à l'heure actuelle. Ne vous comportez pas comme s'il ne s'était rien passé et ne prétendez pas que vous vous en fichez.

Évitez de vous cacher ou de minimiser l'ampleur de la catastrophe; faites front et consentez à toute vérité, émotion et expérience qui s'élève liée à celle-ci, car vous le savez : ce à quoi vous résistez persiste.

Je vous invite dès lors à compléter votre processus par les outils offerts ici. Observez la vérité apparente, ne vous contentez pas de la vérité imaginaire. Envisagez la possibilité que votre âme (et celle de toute autre personne concernée) sait précisément ce qu'elle fait et qu'elle le fait ultimement pour le bien suprême de tous les protagonistes.

Vous devez comprendre que l'avènement de ces tumultes ne signifie pas pour autant qu'il est impossible d'influer sur la situation, voire de la ramener à des circonstances antérieures analogues ou meilleures encore (par exemple, une rupture où l'on peut se réconcilier).

Nulle possibilité pour l'avenir n'est exclue.

Dans mes stages, j'ai discuté avec des gens qui ont perdu des millions et qui ont fini par refaire leur fortune. J'ai entendu l'histoire de ceux qui ont perdu leur amour le plus précieux, qui se sont réconciliés et qui ont mené leur amour à des sommets qu'ils n'auraient jamais imaginés ; des personnes à qui le médecin a donné un verdict de mort et qui ont retrouvé une santé solide, un retour presque miraculeux.

Oui, j'ai entendu ces histoires et bien d'autres encore. Chacun a la sienne et, cependant, elles ont toutes un dénominateur commun. La conclusion de leur histoire ne fut pas la fin de l'histoire.

Vous connaissez déjà ma propre aventure, mais permettez-moi d'y ajouter ceci : j'ai songé plus d'une fois que mon histoire était finie, que les moments heureux ne reviendraient jamais.

Oh là là ! J'avais complètement tort. Si j'avais su alors ce que je sais maintenant… Ou, comme le disait si bien mon père : si vieux si rapidement, si sage si tard.

Laissez-moi vous aider à atteindre votre objectif de vie avant d'arriver à l'âge vénérable que j'ai. Ou alors, si vous êtes déjà un vieillard, comme moi, permettez-moi d'alléger votre voyage de retour à la maison.

Très chers amis, je vous incite à envisager le fait que la vie a été conçue pour le bonheur.

En êtes-vous convaincus ? Si ce n'est pas le cas, précipitez-vous carrément à la librairie de votre quartier et faites l'acquisition du livre intitulé *Happier Than God* [Plus heureux que Dieu]. Il s'agit de l'un des ouvrages les plus excitants que j'aie eu l'occasion de produire couvrant tout le processus de création personnelle (que certains appellent « loi d'attraction »), et il met en lumière certains aspects omis dans d'autres analyses de ce principe de vie. Le livre vous l'expliquera à fond !

La vie démontre qu'elle a toujours été censée être heureuse, entre autres en nous offrant les outils permettant de recréer notre expérience de vie à notre guise et comme nous le voulons. Si vous n'aviez pas conscience de ces procédés, prêtez attention à ce que vous chuchote la destinée présentement. Tendez l'oreille à ce que vous entendez ici.

Et maintenant, puisque vous avez pris connaissance de tout cela, il est temps d'effectuer le huitième changement. Il concerne ce grand parapluie sous lequel vous vous abritez au milieu de la tempête ; votre théorie du parapluie au sujet de la vie même. Je vous invite donc à effectuer

LE CHANGEMENT NUMÉRO 8 :
Modifiez votre conception de l'existence

Le moment est venu maintenant de se pencher sur ce satané processus. Pas seulement celui du changement, pas seulement la mécanique de l'esprit ni le système de l'âme, mais l'épisode entier allant de notre naissance à la mort.

Qu'est-ce à dire… que se passe-t-il ? Le mental aspirait à des réponses à ces questions depuis qu'il nous a fait remarquer notre existence.

Le problème, c'est que nos conceptions tirent essentiellement leur origine du passé. Nous façonnons nos idées collectives d'aujourd'hui à partir de ce que quelqu'un nous a raconté hier et de nos propres rencontres avec cet hier.

C'est tout à fait logique, n'est-ce pas ? Ne devrions-nous pas apprendre par l'expérience ? Non ! Pas si notre expérience résulte d'une vérité imaginaire au lieu de la vérité factuelle. Pas si elle nous a conduits à une réalité déformée plutôt qu'à la réalité ultime.

Mais si nous n'apprenons pas de nos expériences, alors que faut-il écouter ?

Notre âme. Notre être. Il faut revenir au sommet de l'horloge. À midi. Il faut écouter l'être spirituel, pas l'être humain. Et la connexion que notre âme établit avec l'Unique âme.

À mon avis, lorsque vous établissez cette connexion (par la méditation, la prière, quelques instants contemplatifs, une lecture silencieuse, des promenades tranquilles dans les bois, des bains et des plongées douces dans les eaux chaudes de la vie, l'écriture, les repas en silence, les chants de l'âme que vous vous chantez à vous-même), vous entendez alors la petite voix tranquille en vous qui s'élève et chuchote : la vie n'est pas censée être un combat. Ni un test. Ni un baptême par le feu, une épreuve, une école ni quoi que ce soit de désagréable.

Vous découvrez au contraire que la vie est censée être une joie inconcevable du premier au dernier instant, une célébration de celui/celle que vous êtes et de ce dont vous êtes capable, une expression aux proportions glorieuses et prodigieuses, l'explosion jubilante de l'existence même dans sa sphère propre, épanouissant la Vie par le processus de la vie en soi.

C'est vrai dans la vie de chacun et, sur le plan cosmique, dans la vie de l'univers. Le 17 novembre 2006, l'*Associated Press* a rapporté que le télescope spatial Hubble avait apporté la preuve d'une mystérieuse forme d'énergie d'abord conceptualisée par Albert Einstein et qui semble alimenter l'expansion de l'univers tout au long de la majeure partie de son existence. Se fondant sur les explosions de supernovas pour jauger l'expansion de l'univers, les astronomes ont fait une découverte sidérante.

> «Il paraîtrait que les supernovas plus anciennes, dont la lumière a parcouru une distance plus grande pour atteindre le télescope Hubble, s'éloignent de la Terre plus lentement que le prédisait la théorie du big bang. Les supernovas à proximité s'éloignent plus rapidement que ce que l'on prévoyait», précise l'article de l'*Associated Press*, ajoutant : «Ce ne peut être vrai que si une force mystérieuse accélère l'expansion de l'univers avec le temps.»

Cette «force mystérieuse», c'est la vie en soi. C'est Dieu en mouvement. Et elle opère au cœur de votre destinée — en vous —, à chaque instant. Dans le silence de votre être, vous pressentez cette force mystérieuse. En effet, quand vous apaisez votre être, vous laissez la Force demeurer avec vous.

Et voici où les choses se corsent. Cette force, cette énergie, est porteuse de données. Pour tout dire, elle *est* ces données. D'accord? Vous pigez? L'énergie est données et les données sont énergie.

Avez-vous jamais entendu dire que certains nombres dégagent une «bonne énergie»? C'est tout à fait vrai. Le chiffre 9, par exemple, et les équations qui produisent ce chiffre (8 + 1, 4 + 5, 3 x 3, etc.) sont tous censés être très puissants. Je ne suis pas numérologue, mais je n'en suis pas surpris.

Pour acquérir les données de la vie ou y accéder, il suffit d'apaiser le mental pour entendre l'âme, où sont conservées ces données. La méditation constitue l'un des moyens d'y parvenir. Nous avons tous entendu parler de la méditation, et malgré tout une majorité de gens ignorent comment méditer. Pendant nos retraites pour le renouveau spirituel, on m'a demandé à plusieurs reprises de donner des instructions sur la meilleure méthode.

Naturellement, il n'existe pas de « meilleure méthode ». Personnellement, je médite en écrivant. Pour moi, c'est une forme de méditation très puissante, et la plupart du temps, lorsque je suis censé être en train d'écrire, j'ai le regard perdu au loin, la tête vide de toute pensée, je suis simplement présent à ce qui se meut par moi dans l'instant, et ouvert — sans question, sans attente, sans exigence — à ce qui viendra par la suite. (C'est, il va sans dire, une merveilleuse façon de parcourir sa destinée.)

Bien qu'aucune technique méditative ne vaille mieux qu'une autre, la plupart des gens connaissent surtout la méditation assise, et c'est cette technique qu'ils veulent découvrir davantage. Permettez-moi donc d'émettre quelques-unes de mes opinions sur la question.

Commençons par une brève méditation ici et maintenant, juste pour reposer votre mental.

Pendant un bref instant, consentez à poser ce livre, puis fermez les yeux et respirez à fond.

Inspirez trois fois, en prenant trois profondes respirations, comme celles du sommeil.

Ensuite, contentez-vous de vous détendre et continuez à être présent à vous-même, en silence, pendant un petit moment.

Lorsque vous serez prêt, poursuivez ce chapitre avec…

QUELQUES IDÉES SUR LA MÉDITATION

À ceux qui éprouvent des difficultés à apaiser leur mental, je suggère quinze minutes de méditation assise et en silence deux fois par jour — matin et soir.

Tentez autant que possible d'établir une routine fixe. Et astreignez-vous à l'heure fixée. Si vous ne réussissez toutefois pas à maintenir un horaire régulier, vous pouvez méditer quand bon vous semble, pourvu que ce soit deux fois par jour au moins — tôt et tard dans la journée.

Pour pratiquer cette méditation, vous souhaiterez parfois vous installer dehors, par beau temps, livré à la caresse du soleil matinal, ou sous les étoiles qui scintillent dans la voûte céleste. À l'intérieur, vous pouvez vous asseoir près d'une fenêtre et laisser la lumière de l'aurore filtrer ou le ciel nocturne vous envelopper. Il n'existe pas, je l'ai précisé, de technique « juste » pour s'adonner à la méditation assise. (En effet, il n'existe pas de « manière correcte » de faire quoi que ce soit). Vous pouvez vous installer confortablement sur une chaise, vous asseoir sur le sol, sur un lit en vous tenant bien droit, comme bon vous semble. Optez pour la position qui vous convient.

D'aucuns s'assoient sur le sol, en s'appuyant parfois contre un mur ou autre chose, parce qu'être assis au sol les garde plus présents dans l'espace. Certains m'ont confié que s'ils sont trop bien, dans un fauteuil moelleux ou sur le lit, ils ont tendance à somnoler ou à partir à la dérive et que cela ne se produit que rarement s'ils sont assis sur le sol ou sur l'herbe, car ils sont alors tout à fait présents mentalement.

Une fois assis, portez attention à votre souffle, fermez les yeux et contentez-vous d'écouter l'inspiration et l'expiration. Reposez dans l'obscurité et prêtez attention uniquement à ce que vous entendez. Une fois que vous vous serez unifié — c'est le seul terme qui semble convenir — au rythme de votre souffle, étendez votre attention à ce que votre œil intérieur perçoit.

D'habitude, il n'y a qu'obscurité à ce stade. Quant aux images que vous verrez — les pensées sur ceci et cela qui apparaissent dans le mental —, efforcez-vous de les estomper graduellement, comme sur un écran de cinéma. Plongez votre mental dans l'absence. Focalisez votre œil intérieur, sondez cette obscurité. Ne cherchez rien en particulier, contentez-vous de scruter à fond, consentez à ne rien chercher et à n'avoir besoin de rien.

Ma propre expérience m'a démontré que généralement, par la suite, une petite flamme vacillante bleue apparaît ou un éclair de lumière bleue perce l'obscurité. Si je me mets à analyser cela conceptuellement— à définir cette petite flamme, à la décrire pour moi-même, à tenter de lui donner une forme, à lui faire faire quelque chose ou à lui donner un sens — elle s'évanouit instantanément. La seule manière de la retrouver, c'est de ne lui prêter aucune attention.

J'ai dû fournir d'immenses efforts pour fermer mon mental et simplement reposer dans l'instant présent et dans l'expérience, sans jugement, sans définir quoi que ce soit ni tenter de provoquer un état, de me l'expliquer ou de le comprendre logiquement. C'est plutôt comme faire l'amour. Encore là, pour que l'expérience soit mystique et magique, je dois fermer mon mental et me contenter d'être présent au moment et à l'expérience, sans juger cette dernière, la définir ni tenter de provoquer un état, de me l'expliquer ou de le comprendre logiquement.

Méditer, c'est faire l'amour avec l'univers. C'est s'unir à Dieu, au Soi. Il n'y a ni à comprendre, ni à fabriquer, ni à définir la méditation. On ne comprend pas Dieu, on en fait l'expérience. On ne crée pas Dieu ; Dieu est, tout simplement. On ne définit pas Dieu, Dieu définit l'être. Dieu est le définisseur et le défini. Il est la définition.

Dans le paragraphe ci-dessus, si vous insérez le mot Soi à la place de Dieu, le sens demeure inchangé.

Revenons à la flamme bleue qui danse. Une fois que vous détournez votre attention de celle-ci, tout en demeurant concentré sur elle sans attente ni pensée quelconque, cette flamme vacillante réapparaîtra peut-être. Il s'agit alors d'éviter de faire intervenir votre mental, le processus de pensée, tout en y maintenant votre concentration (votre attention entière).

Le paradoxe est déroutant, n'est-ce pas ? Il faut prêter attention sans faire attention. C'est tout à fait comme rêvasser ou se trouver au milieu d'une activité fourmillante et ne prêter attention à rien de particulier et à tout simultanément. Vous n'attendez rien, n'exigez rien et ne remarquez rien de particulier, mais vous êtes tellement focalisé sur ce « rien » et sur le « tout » qu'il faut que quelqu'un vous secoue de votre rêverie (parfois en vous secouant vraiment) : « Dis donc, tu es en train de rêver ? »

D'habitude, on rêvasse les yeux grand ouverts.

La méditation assise est une rêverie les yeux fermés. C'est l'analogie la plus avoisinante pour l'illustrer.

La flamme dansante bleue réapparaît. Contentez-vous de la savourer, évitez de la définir, de l'évaluer ou de vous l'expliquer d'une manière ou d'une autre. Plongez-vous en elle. Elle semblera venir vers vous. Elle grossira dans votre champ de vision intérieur. Elle ne vient toutefois pas vers vous, car c'est vous-même qui pénétrez et plongez dans l'expérience de celle-ci.

Avec de la chance, vous vivrez une immersion totale dans cette lumière avant que votre mental ne se mette à déblatérer à ce sujet et à discourir sur la question, la comparant à des données antérieures. Si vous vivez même un seul instant cette immersion exempte de pensée, vous aurez goûté à la béatitude.

Il s'agit de la béatitude de la connaissance intégrale, de l'expérience totale du Soi comme étant Un avec tout, avec l'unique chose qui existe. Impossible de contraindre cette béatitude. D'après mon expérience, lorsque vous apercevez la flamme bleue et que vous anticipez la béatitude, alors elle disparaît instantanément. L'anticipation, ou l'attente, met un terme à cet état. Parce que cet état survient dans l'étermoment et l'anticipation, l'attente le projette dans l'avenir, là où vous n'êtes pas.

Ainsi, la flamme semble se dissiper, mais c'est plutôt vous, non la lumière, qui a disparu. Vous avez quitté l'étermoment.

Les attentes produisent le même effet sur votre œil intérieur que l'action de fermer les paupières sur l'environnement physique qui vous entoure. Au sens propre, vous vous fermez à lui. Selon mon expérience, cette rencontre avec la béatitude n'a lieu qu'une fois sur mille moments de méditation. L'avoir connue une seule fois est une bénédiction et, si l'on veut, une malédiction, car on la recherche inlassablement. Malgré tout, j'arrive parfois à cesser de la désirer, je tue en moi l'espoir, je rejette mes désirs, mes attentes et je m'installe intégralement dans l'instant présent, parfaitement exempt de toute expectative particulière. Voilà l'état mental qu'il faut atteindre. Ce n'est pas facile, mais c'est tout à fait possible. Et lorsque j'y accède, j'ai accédé à l'absence de pensée.

Pour atteindre l'absence de pensée, il ne s'agit pas de vider le mental, mais de le focaliser ailleurs que sur lui-même. Il s'agit d'être hors du mental — momentanément dissocié de nos pensées (j'y reviendrai plus loin). Une telle attitude intérieure me rapproche énormément de l'espace situé entre les domaines du royaume de Dieu, l'espace de l'Être pur. Elle me rapproche du nirvana et peut m'emporter dans la béatitude.

En somme, si vous avez réussi à calmer votre mental régulièrement grâce à la méditation assise, la marche méditative ou la méditation dans l'action (faire la vaisselle est une merveilleuse méditation, tout comme la lecture ou l'écriture d'un livre), ou la pause méditative (encore une fois, j'y reviendrai), vous aurez pris l'engagement le plus crucial de votre existence tout entière, un engagement envers votre âme, celui d'être auprès d'elle, de la rencontrer, de l'écouter, de l'entendre et d'échanger avec elle.

Ainsi, au fil de la destinée, vous évoluerez en n'étant pas uniquement régi par le mental, mais également sous l'égide de l'âme. Voilà ce à quoi réfère Ken Wilber, l'un des philosophes américains contemporains les plus célèbres et illustres, dans son ouvrage *A Theory of Everything,* sous l'expression *pratique transformatrice intégrale* [ou PTI].

À la base, explique Wilber, l'idée d'une PTI est toute simple : « Plus le nombre des composantes de notre être que nous exerçons est important, plus la transformation est susceptible de se produire. »

Voilà, il va sans dire, l'objet de notre propos depuis le début. Nous parlons d'une transformation personnelle, de la transfiguration de notre expérience de l'existence dans sa totalité et, notamment, de cet aspect élémentaire, fondamental et essentiel de la destinée que nous désignons par changement.

Nous avons abordé l'intégration des trois composantes de la totalité de votre être en un tout coopératif et multifonctionnel. Malgré cela, il est impossible de l'entreprendre à moins de savoir que l'être humain comporte trois aspects et de comprendre intégralement/pleinement :

1. les fondements du corps
2. la mécanique de l'esprit
3. le système de l'âme.

Nous n'avons pas abordé la première composante de l'expression trine de la vie qui est vous ; le moment est venu de le faire. Êtes-vous prêt à mettre en place la dernière pièce du casse-tête ? Si votre mental préfère prendre le temps de réfléchir à ce que nous venons de voir, vous pouvez toujours

faire une pause ici.

Le moment se prête à respirer et à faire une pause, à vous retirer momentanément du festin. *Puis, lorsque vous serez prêt, poursuivez le chapitre à…*

LÀ OÙ LE CORPS INTERVIENT

« Votre corps n'est pas ce que vous êtes, c'est ce que vous possédez. »

Mon ami, le Dr Ilchi Lee, auquel cette conversation fait référence en vertu de sa brillante thèse sur le cerveau humain, adore le répéter.

D'autres magnifiques professeurs et philosophes, tels que Jean Houston, Ken Wilber et Barbara Marx Hubbard s'entendent sur ce point.

Nous avons davantage conscience désormais que nous ne sommes pas notre corps ni notre mental, ni même notre âme. Nous sommes les trois conjugués et le Tout est plus important que la somme de ses parties.

L'être complet que nous sommes chacun est pure énergie, une énergie que l'on peut désigner par Esprit. Votre corps est un ensemble énergétique. Il en va de même pour votre mental. Et pour votre âme. En bref, vous êtes un être spirituel qui vit une expérience physique.

Il faut concevoir la sphère physique comme illusoire en ce sens qu'elle n'est ni l'endroit où vous êtes ni qui vous êtes.

Vous vous situez vraiment dans l'espace de l'Être pur. C'est aussi ce que vous êtes. Dans le royaume de Dieu, qui vous êtes, où vous êtes, le moment où vous êtes et ce que vous êtes sont une seule et même chose. Nous devons tous réfléchir aux implications de cette déclaration pendant un instant. Vraiment. C'est parce que nous évitons d'envisager ces implications que se forme l'illusion où nous vivons — et la souffrance qui afflige l'humanité au jour le jour.

J'ai dit : qui vous êtes, où vous êtes, le moment où vous êtes et ce que vous êtes sont une seule et même chose. Et cette même chose, je la nomme « Dieu ». Vous pouvez l'appeler comme bon vous semble, mais vous ne pouvez l'ignorer ni prétendre que ce contexte plus vaste au sein duquel s'exprime la vie n'existe pas.

Nous parlons ici de votre essence même. Il s'agit de l'énergie brute de la vie. Cette énergie et cette essence ne sont pas matérielles, mais elles ont pris forme physique pour se connaître par l'expérience. Car c'est là le triumvirat de l'expression de la divinité :

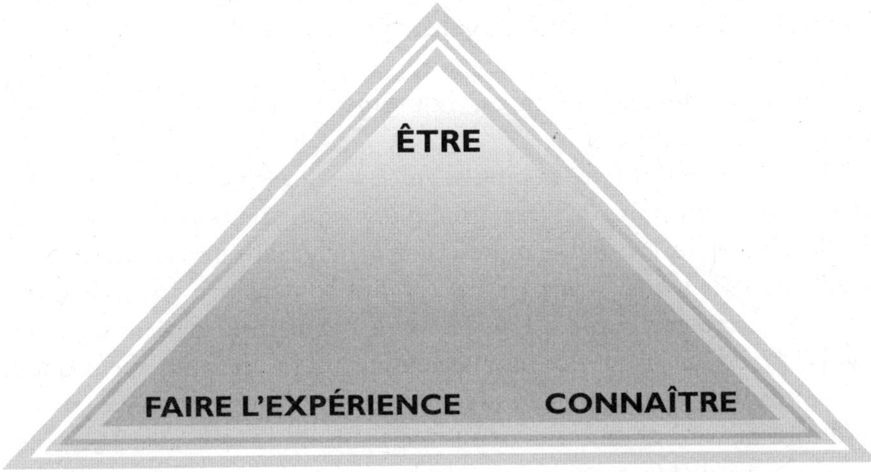

Le miracle de l'existence physique s'accomplit par l'énergie et l'essence, dans un processus que l'on peut décrire comme « une accélération de l'Esprit ».

Le son primal de l'univers est la note la plus basse dans la symphonie de Dieu. C'est le son *om*, un grondement si grave qu'il en est presque sinistre. Depuis quelques années, les appareils de détection de l'espace intersidéral ont décelé ce son, la vibration originelle. Il s'agit de l'énergie et de l'essence oscillant à leur vitesse la plus lente. Quand cette vitesse augmente, la tonalité se fait plus aiguë, passant d'un grondement sourd à la douce mélodie de la vie que nous connaissons. Tout débute par la première vibration. Par le son. Et le son dit : Que la lumière soit ! Et il a oscillé à une telle vitesse que son essence même a été chauffée à blanc. Et la lumière naquit.

Puis, grâce au processus simple et toutefois élégant qui consiste à modifier leur oscillation entre diverses fréquences, l'énergie et l'essence produisirent d'autres manifestations dans la sphère physique. Ainsi, le son grave du *om* devint la douce vision de la vie. (« Et le Verbe s'incarna et demeura parmi nous. »)

Plus l'énergie et l'essence vibrèrent, plus la fréquence de leur oscillation s'accrut et plus ce qui n'était pas solide apparut. Imaginez-le ainsi : si un point d'énergie acquiert une vélocité suffisante le long d'une ligne droite entre le point A et le point B, il n'apparaîtra ni au point A ni au point B, mais à chaque point entre les deux. En raison de sa vitesse inconcevable, l'œil humain ne parvient pas à le situer nulle part en particulier ni à n'importe quel moment donné. Il semble partout à la fois parce qu'il se déplace très rapidement. Impossible de le repérer dans un bloc unique de temps et d'espace.

Voilà pourquoi la rapidité du mouvement donne l'impression d'une ligne solide entre A et B.

Vous pouvez en faire la preuve grâce à une petite expérimentation. Collez un point noir sur l'extrémité d'une paille transparente. Tenez la paille devant votre visage et agitez-la de gauche à droite avec, en arrière-plan, un mur blanc. Vous verrez le point se déplacer, naturellement, et vous verrez précisément où il se situe à tout instant. Augmentez la vitesse du point jusqu'à ce que votre main s'agite si rapidement que le point ne puisse être aperçu en un endroit ou un autre ; il semble partout à la fois. Si vous clignez des yeux une fraction de seconde, il donnera l'impression de former une ligne droite.

Le mental humain ne peut calculer les données assez rapidement pour se tenir au fait des nouvelles données qui se présentent à lui. Leur flux est plus rapide que l'aptitude du mental à les analyser. C'est pourquoi le mental ne parvient pas à déterminer ce qu'il voit.

Le monde est constitué de 2 % de matière et de 98 % d'espace, mais le monde paraît être exactement l'inverse. Ainsi, nous vivons dans l'univers de notre illusion. Et pourtant, il a été délibérément créé ainsi par l'Intelligence originelle. Le mental est un mécanisme merveilleusement conçu pour analyser une quantité restreinte de données provenant d'une source illimitée. Il n'a jamais été censé tout englober sur-le-champ. Voilà le boulot de l'âme.

De même, votre corps est un appareil. Il est la matérialisation de l'Esprit dans une forme unique, à une époque spécifique, dans un but précis ayant trait à la particularisation de chaque parcelle du Tout.

Le Tout est ce qui n'est pas singulier. Il est Tout et, ainsi, il n'est rien en particulier. Néanmoins, le Tout ne pouvait faire l'expérience de lui-même en tant que Tout, puisqu'il n'y avait rien d'autre à quoi le comparer. Par conséquent, il décida de s'individuer afin que Tout ce qui est puisse faire l'expérience de soi-même sous une forme singulière. Ce processus de particularisation a engendré ce que je nomme la sphère physique. Encore une fois, il s'agit d'un processus par lequel la vibration primale accroît simplement la fréquence de son oscillation.

La totalité de vous est merveilleuse — un prodige miraculeux — et votre corps fait partie de ce complexe. Puis vient votre mental, et le plus merveilleux parmi ces éléments est votre âme. Votre mental est prodigieux au point d'être en mesure d'influer sur votre corps et sur tout objet matériel.

Il est capable de créer votre réalité physique. Je viens de dire : votre mental est capable de créer votre réalité physique.

Non seulement en est-il capable, mais il le fait. Il façonne votre réalité chaque minute de chaque jour, que vous en ayez conscience ou non. Il ne s'agit pas de savoir si le Vous est l'auteur de votre réalité, mais bien de déterminer si vous faites cela consciemment ou inconsciemment.

Dans votre réalité, vous rendez les choses matérielles par une accélération de l'Esprit. Voilà ce que vous tirez d'un esprit rapide [*fast thinking*, pensée vive]. On loue les gens qui en sont doués. Cette qualité recèle davantage que ce que vous auriez imaginé.

Votre mental peut penser à une rapidité sidérante. Il peut doubler sa vitesse habituelle grâce au processus simple qui consiste à ignorer toute donnée antérieure, processus qu'on pourrait qualifier par les termes *sauter par-dessus le passé*. Et révélation extraordinaire : vous pouvez intimer à votre propre mental de le faire, vous pouvez l'y entraîner.

Comment? Comment le former à ignorer tout ce qu'il croit savoir sur une question? En effectuant un saut quantique jusqu'à la perception lucide de l'âme.

Invariablement, à chaque instant, la décision que vous devez prendre est la suivante : dois-je prendre en compte les données du mental ou la perception lucide de l'âme?

Si vous passez à cette dernière, vous aurez élevé votre conscience au sommet du triangle, à l'espace de l'Être.

Être ou ne pas être, voilà la question.

Voici le paradoxe suprême ayant trait au fonctionnement de tout ce que je viens de décrire. Êtes-vous prêt à le découvrir? C'est le secret d'entre les secrets, celui que personne ne vous a jamais divulgué :

Pour accéder à la perception lucide de l'âme, il faut ralentir.

Eh là! juste une petite minute! Je viens pourtant de dire qu'il fallait avoir l'esprit rapide. Oui, il faut penser vite lorsque les événements autour de vous s'accélèrent pour vous indiquer de ralentir.

Face au déluge de données entrantes, votre mental cherche d'abord à les analyser et à vous présenter les options en guise de réponse. Il procède extrêmement vite. Par conséquent, pour le court-circuiter, vous devez avoir l'esprit rapide. Si rapide, en fait, que lorsqu'il se met à vous emporter à fond dans les données antérieures liées à l'événement actuel, vous lui barrez littéralement la route. Vous sautez par-dessus votre passé.

Vous réorientez ensuite votre énergie. (Votre mental est en effet une forme d'énergie électrique. On peut en mesurer les pulsions physiques.) Vous la dirigez vers la conscience plutôt que vers les données. C'est comme changer de rails en train, passer de la voie qui tourne en rond et revient au point de départ pour passer à une impulsion qui conduit à un espace de repos.

Vous pouvez vraiment le faire sous l'impulsion du moment, c'est-à-dire passer du mental à l'âme. Certaines personnes sont décrites comme n'ayant qu'une idée en tête [un mental à voie unique, *one-track mind*]. Il s'agit de modifier cette tendance. À l'occasion, nous avons tous un « mental à sens unique ». Nous ruminons et ressassons sans cesse les mêmes pensées. Il est évident que si on est passager d'un train parcourant l'entière distance de son trajet, on n'arrive nulle part ; on aboutit exactement au point de départ.

Donc, pour changer tout cela, il faut aller assez rapidement pour ralentir. Il faut être assez prompt pour empêcher le mental de poursuivre sa course. Vous devez ralentir votre processus d'individuation et abaisser votre vibration jusqu'à la fréquence de l'âme. L'oscillation de votre âme est si lente qu'elle reste invisible.

Je sais que c'est exactement l'inverse de tout ce que l'on vous a appris, de tout ce que l'on vous a dit. On vous a enseigné à « augmenter votre vibration », à « élever votre conscience » pour atteindre l'éveil. En vérité, c'est tout le contraire. Il s'agit de diminuer votre vibration, de ralentir jusqu'à la fréquence de l'invisible, de vous approcher du son primordial. Voilà pourquoi les moines ou autres méditants se rassemblent pour psalmodier le son *om* sur un ton grave et riche. Il s'agit de ralentir la vibration, de sortir de votre mental.

Quel rôle joue donc votre corps dans tout cela ? Ce n'est, comme je l'ai dit, qu'un instrument, mais vous devez savoir si vous l'employez comme instrument du mental ou de l'âme. Et j'affirme ici qu'au mieux il devrait être l'instrument des deux.

Il ne s'agit pas de faire du mental un ennemi, car il ne l'est pas. C'est résolument un appareil miraculeux. Il faut cependant lui permettre d'accomplir ce pour quoi il a été conçu et de laisser l'âme parfaire ce pour quoi elle a été créée. Il ne faut pas oublier que nous sommes des êtres ayant trois constituantes et que le corps, également une machine miraculeuse, est le moindre des trois. C'est un appareil à notre disposition.

Ne vous attardez donc pas à ses caprices. Prenez-en soin, il va sans dire, tout comme vous prendriez soin de votre voiture, de votre demeure ou de tout autre bien précieux. Toutefois, ne vous fourvoyez pas quant à votre identité.

Vous n'êtes pas le corps. Vous n'êtes pas le mental. Vous n'êtes même pas l'âme. Vous êtes les trois, et bien davantage. Vous êtes l'Esprit qui constitue les trois. Vous êtes l'Énergie. Vous êtes l'Essence.

Ne regrettez pas
ces instants qui vous ont conduit
ici.
Si vous lisez ces lignes,
alors votre persévérance a été exaucée
et une grâce vient.
Pour l'instant, amarrez-vous librement à l'endroit où vous êtes.
Et à l'instar de nœuds sur une cordelette
qui marquent vos progrès,
main dans la main
vous continuerez à monter —
parfois dans l'extase
parfois dans une agonie blafarde —
plus haut,
dans une lumière éternelle.
La même formule se réitère sans cesse
jusqu'à ce que vous vous retrouviez
un simple phare,
juste une flamme,
là où même l'amour se défait.

– «Love Itself»© 2006 Em Clair

23

LE MIRACLE DE LA VIE

J'ai connu plusieurs personnes qui ne réfléchissent jamais sur la vie. «Je suis débordée, prétextent-elles. Je laisse aux écrivains et aux poètes le plaisir de s'y livrer.»

Ainsi, nombreux sont ceux qui se retrouvent à vivre dans un univers où surviennent des événements que personne ne voudrait voir arriver. Comment est-il possible que six milliards d'individus souhaitent la même chose sans pouvoir l'obtenir? se demande-t-on. Qu'est-ce que ce monde de fou? Ou, pour reprendre les paroles de la chanson touchante de Peggy Lee, il y a tant d'années : «N'y a-t-il rien d'autre?»

S'il n'y a rien d'autre, quelqu'un devrait faire venir les clowns, parce que ce serait alors un véritable cirque.

Mais ce n'en est pas un; c'est plutôt une symphonie merveilleusement orchestrée dont Dieu est le chef d'orchestre et dont nous sommes tous les musiciens. Pour jouer ensemble une musique exquise, il nous suffit d'en connaître les notes. Si l'on perçoit la vie telle qu'elle est vraiment, tout paraît rempli de sens. Les changements sont alors conçus comme des dons du ciel, pas comme des fardeaux. Et les bouleversements à venir seront des manifestations de création, pas des épreuves d'endurance.

La vie est un processus. Ce n'est pas un simple truc qui se produit, mais un truc qui survient dans un but précis.

La vie a sa raison d'être spécifique. Quelle est donc l'issue qu'elle cherche à atteindre?

C'est la question de l'heure. Ou plutôt du siècle. La réponse peut se situer à deux niveaux.

Sur le plan universel, la vie est un processus par lequel Dieu exprime Dieu, fait l'expérience de Dieu et déploie Dieu.

Sur le plan individuel, la vie a pour but de vous offrir une expérience directe de celui/celle que vous êtes vraiment ainsi qu'une occasion de passer au niveau ultérieur dans cette expression.

Plus simplement, la raison d'être de la vie est de connaître la vie et de l'exprimer encore plus par son processus même, manifesté par ses individuations — dans ce cas particulier : vous.

L'existence atteint ses visées grâce au processus appelé changement.

En d'autres mots, la vie (Dieu) se transforme sans cesse pour perpétuellement se créer et se recréer d'une manière qui l'augmente.

Plusieurs personnes ici-bas croient que Dieu (contrairement aux humains) provoque le changement, qu'il est la cause de tout. Ah, mais l'est-il? Existe-t-il même un Dieu (dans le sens d'un être suprême dont l'existence est distincte de la nôtre) capable de poser de telles actions? Et s'il existe, pourquoi Dieu provoquerait-il un changement et pas un autre?

Pourquoi ferait-il ceci et pas cela? Pourquoi préférerait-il une personne, un projet et pas un autre? Quels sont ses critères?

Certaines raisons donnent à penser que Dieu tire les ficelles pour des motifs connus de lui seul et vraisemblablement des adeptes de l'unique religion vraie (peu importe laquelle parmi l'éventail des confessions dans le monde).

Où est donc la vérité dans tout cela? Dieu tire-t-il vraiment les ficelles, ou la vie est-elle un processus qui se gère lui-même?

À cette dernière question, la réponse est négative. « Dieu » (en tant qu'entité suprême distincte) ne tire pas les ficelles et la vie n'est pas un processus qui s'autogère.

Le miracle de la vie, c'est que c'est un processus où vous, en tant qu'être conscient rempli de la perception de soi, avez l'occasion de créer votre propre expérience et votre réalité, de vous connaître tel que vous paraissez être, de vous exprimer tel que vous êtes devenu et, pour finir, de vous recréer tel que vous souhaitez être, selon la version la plus sublime de vous-même. Le miracle de la vie, c'est que la même opportunité s'offre à la race humaine tout entière ! Au quotidien, nous cocréons notre réalité collective.

Le miracle de la vie, c'est que c'est une aventure glorieuse et une odyssée délicieuse. Et je sais, je comprends que cela ne semble pas ainsi pour bon nombre de gens. En effet, lorsque je constate la souffrance tout autour de moi, je me sens poussé à renoncer à cette idée du miracle de la vie, à cette notion d'un univers bienveillant et d'un Dieu aimant.

Nous avons abordé ce point un peu plus tôt, et j'ai fréquemment reçu des réponses à cette énigme. Malgré tout, je vis toujours des périodes de perplexité où j'ai le cœur lourd et où seule mon âme est sereine au milieu de toutes ces difficultés qui sont infligées aux autres et qui sévissent dans ma propre existence.

Pourquoi ces peines ? demandai-je, bien que j'en connaisse la réponse. Pourquoi ces tragédies ? hurlai-je.

Et l'âme unique répond :

> Une fois encore, mon adorable, tendre et compatissant, tu ne connais pas et ne peut connaître la « mission de l'âme » qui a été donnée à une autre individuation bénie de Dieu — et acceptée par celle-ci. Pourtant, vous ne me croyez pas lorsque je vous assure que nul aspect de la divinité ne peut, sur le plan de l'âme, être brimé ou endommagé de quelque manière. Sur le plan humain, la douleur et la victimisation existent bel et bien. Mais je prétends ceci : la manifestation extérieure participe du parcours intérieur de chaque entité et ne peut être expliquée à fond ni parfaitement comprise par l'intellect, en raison des limites de la perspective humaine actuelle. Néanmoins, cette perspective peut changer. Et elle le fera. Il suffirait, pour la race humaine, d'un catalyseur de plus ici et là, d'une personne de plus engagée au changement qui transformera tout.

L'âme unique m'a ensuite inspiré à écrire ceci :

> Voyons voir si je peux vous offrir une bribe de révélation sur une vérité bien supérieure et beaucoup plus complexe que tout ce que vous avez pu concevoir autrefois. Avez-vous déjà commis un geste pour vous-même, pour autrui ou en vue d'une cause, geste qui donnait l'impression de vous nuire ou de vous faire du tort, mais que vous avez posé quand même en vue du bien collectif ?

J'y ai réfléchi pendant un moment. Je me suis souvenu d'actes commis pour moi-même qui paraissaient me nuire ou me faire du tort, mais qui, en réalité, à long terme, s'avérèrent pour mon bien.

J'en ai dressé une liste importante.

Puis je remarque ce que j'ai fait pour les autres et qui m'a nui, voire causé du tort, mais que j'ai accompli de toute manière par amour pour l'autre ou le projet. Encore une fois, la liste fut longue.

L'âme unique m'a inspiré à m'interroger :

> Peux-tu entrevoir comment les âmes sont capables de se livrer aux mêmes actes ? Te semble-t-il possible que les âmes-êtres s'y livrent dans le cadre de leur odyssée, soit pour faire progresser leur évolution ou celle de quelqu'un d'autre ?

J'ai dû admettre soudain que mon entendement conceptuel de tout cela s'était amélioré. J'ai vu un film défiler dans ma tête. On me faisait voir un échange entre une autre âme et moi-même. Dans cette vision, je déambulais sur un trottoir d'une ville inconnue et je passais devant une clocharde adossée à un édifice, vêtue de haillons, ses cheveux n'ayant pas été lavés depuis des semaines et dégageant une odeur… euh intéressante, pour choisir un euphémisme.

La mendiante me tendit une petite tasse en papier. « Vous n'auriez pas un peu de monnaie ? » marmonna-t-elle.

« On retrouve cette femme au même endroit six jours sur sept, ai-je songé. Elle gère une véritable escroquerie. Pourquoi tenterait-elle de chercher du travail alors qu'elle peut recueillir je ne sais combien d'argent par semaine juste à quémander ? »

Je suis passé devant elle en affichant la plus suprême indifférence, puis je me suis retourné et je me suis dirigé droit vers elle. « Dites-moi, ai-je lâché, pourquoi ne pas trouver du travail comme tout le monde au lieu de vous tenir là à mendier ? »

« Si je le faisais, répondit la vagabonde, qui serait là pour vous dévoiler qui vous êtes vraiment ? »

Sa réponse me laissa stupéfait.

Muet de stupéfaction.

Je vous invite donc à pénétrer ce silence. Réfléchissez à sa réponse. Quelle impression vous donne-t-elle ? Quelle est votre réaction intuitive ? Songez-y en passant au dernier chapitre de ce livre, en vous apprêtant à accueillir le dernier changement…

« Dévoilez-vous à moi » ai-je répété à Dieu.
Et voilà ce qui s'est passé :

J'ai été fécondé de lumière.
Mes yeux étaient à la fois l'aurore et le crépuscule.
Les taches de rousseur devinrent planètes et étoiles
et rayonnèrent sur mes joues.
Chacune de mes lèvres embrassa l'autre.
Mes oreilles entendirent les océans de vie.
Entre mes yeux, une roue indigo.
Entre mes orteils, des champs blonds.
Mes mains se souvinrent d'avoir grimpé aux arbres.
Mes cheveux, de chaque doigt de l'amant.
Et j'ai murmuré : *« Pourquoi donc m'avez-vous fait ainsi ? »*
Et on m'a soufflé :
« Parce que je n'ai jamais porté ton nom auparavant,
ni entendu ta façon de le chanter.
Ni contemplé l'univers par un regard comme le tien.
Ni ri de cette manière, ni ressenti la voie
que ces larmes empruntent.
Puisque je n'ai pas connu ces extases, ni atteint
ces sommets, ni goûté chaque nuance de l'inno-
cence avec laquelle tu fabriques tes déprimes,
ni su comment un cœur peut s'ouvrir si grand
ou se briser si facilement
ou aimer avec tant de déraison. »

– « Unreasonably » © 2008 Em Claire

24

LE NEUVIÈME CHANGEMENT

Voici ce que j'ai compris désormais : certaines âmes cocréent des expériences qui sont de toute évidence (d'un point de vue humain) nuisibles et qui leur font du tort. Nul ne connaît la raison de leurs agissements.

Peut-être ces âmes sont-elles venues à cette incarnation afin de vivre quelque chose qu'elles ont fait subir à d'autres lors d'incarnations antérieures.

Peut-être sont-elles venues offrir à d'autres âmes la chance de se vivre d'une manière particulière.

Peut-être sont-elles venues offrir des « joueurs » ou des « acteurs » à une mise en scène plus vaste dans le grand drame de la vie et que ce passage à l'acte permettra à une myriade d'humains d'atteindre simultanément une réalisation singulière. (Songeons à tous ceux qui ont trouvé la mort dans la tragédie du 11 septembre 2001 ou aux millions de gens qui ont péri pendant l'Holocauste.)

Il m'est impossible de connaître les desseins de l'âme des individus qui meurent de faim, qui ont subi des sévices sexuels, qui essuient une perte après une autre, ou dont l'existence est faite d'épreuves, de souffrances, de tristesse, et je ne peux non plus prétendre connaître ces desseins.

Je ne peux que souhaiter ardemment, qu'aspirer à ce que leur malheur prenne fin, et constater cette partie de moi-même qui voudrait que personne ne souffre et que rien ne soit brimé. Et, pour reprendre le conseil de Mary O'Malley, laisser mon cœur se briser, car quand mon cœur se brise, il s'ouvre. Je ne peux que rendre hommage à ces êtres, à leur sacrifice, à leur parcours et aux choix de l'âme qu'ils ont effectués pour entreprendre leur voyage.

Puis, je peux décider qui je suis par rapport à eux.

Qui je suis et qui je choisis d'être par rapport aux enfants affamés en ce monde. Qui je suis et qui je choisis d'être par rapport aux opprimés et aux persécutés. Qui je suis et qui je choisis d'être par rapport aux marginaux et aux défavorisés, aux reniés et aux mésadaptés, aux dépossédés et aux privés de leurs droits. Qui je suis et qui je choisis d'être.

Voilà la question. Voilà l'occasion de décider de ce que m'offre la vie. Et par ailleurs, qui je suis et qui je choisis d'être par rapport à ma chance incroyable, aux dons que j'ai reçus, aux talents qu'on m'a permis de nourrir, aux bontés accordées, aux occasions qu'on m'a offertes, à l'intelligence dont on m'a doué, au succès que j'ai pu savourer ?

Qu'est-ce que je souhaite faire de cette vie et de mon Soi sacré en ce qui a trait à tout cela ? Voilà la question. C'est aussi l'occasion de choisir ce que la vie m'offre. Et ma vie vécue représente ma décision et ma réponse.

Vous aussi êtes confronté au même choix. De cela, j'en suis certain. L'univers conspire en votre faveur. À chaque instant, il place devant vous les gens idéaux, les circonstances et situations idéales qui permettront de répondre à l'unique question de la destinée : Qui suis-je ?

Avez-vous décidé ?

Vous n'ignorez sans doute pas qu'il existe deux manières de prendre une décision. La première est de décider ; la seconde, de ne pas décider. Mais n'oubliez jamais que le fait de ne pas décider, c'est aussi décider.

L'important, c'est de ne pas vous laisser définir par défaut. Si vous croyez ne prendre aucune décision en ne décidant pas, vous vous leurrez.

Si vous n'êtes pas prudent, la plus importante décision que vous prendrez jamais en sera peut-être une que vous n'aurez jamais prise.

Soyons donc clairs : la vie tout entière est une décision. Vous décidez de chaque vérité que vous accueillez, de chaque pensée qui jaillit en vous, de chaque émotion que vous exprimez, de chaque expérience que vous produisez — vous décidez qui vous êtes et qui vous choisissez d'être.

Chaque acte en est un d'autodéfinition.

Toutes les modifications de l'expérience collective de l'humanité ont été engendrées par l'expérience collective de l'humanité — et tous les changements dans votre expérience individuelle sont le produit de votre expérience individuelle. Je l'ai dit et je le répète : la vie est une énergie qui s'alimente à l'énergie de la vie elle-même. La vie s'autoalimente et s'autocrée. Elle influe sur elle-même par l'entremise du processus de la vie elle-même.

Lorsqu'un changement survient, c'est que quelque chose cloche dans votre vie et que vous avez cherché à le modifier. Vous êtes peut-être d'avis que ce n'est pas le cas, vous n'en avez peut-être pas conscience, mais le fait est que vous l'avez choisi, je vous l'assure. Vous et ceux qui ont cocréé avec vous.

Voici un exemple qui illustre comment cela fonctionne.

Un homme rentre du travail chaque jour, maugréant sur son quotidien au bureau. Il déteste son travail, méprise son patron, manque de respect à ses collègues et calomnie son entreprise. Il est toutefois futé, et puisque rien d'autre ne s'offre à lui, il parvient à dissimuler ses vrais sentiments. Il ne dit rien d'offensant, ne critique pas, n'affiche pas son animosité et, en surface, il donne l'impression d'être un employé modèle et loyal.

Après quelques mois, il est toutefois l'objet d'un congédiement soudain, victime d'une réduction d'effectifs. On le laisse partir. Il n'arrive pas à s'expliquer pourquoi. Qu'a-t-il fait pour mériter un tel sort ? Rien. Il a pourtant agi en sorte de créer cette situation. Ses énergies négatives, intérieures et dissimulées, ont engendré le champ énergétique qui a donné lieu aux conséquences qu'il a dû abruptement affronter.

Le croyez-vous ? Croyez-vous que c'est ainsi qu'une telle situation est créée ? Je vous l'assure, c'est exactement ainsi que se passent les choses.

« L'homme est comme ce qu'il pense en son cœur. » Si, nuit et jour, il se répète : « Je déteste cet endroit, je voudrais ne plus jamais y remettre les pieds », son souhait se concrétisera, même s'il n'en souffle jamais mot à personne. La vie est pareille à un génie échappé de sa bouteille. Pour elle, vos désirs sont des ordres.

Prenons maintenant votre situation actuelle. Contrairement à l'homme de l'exemple ci-dessus qui déteste son boulot, vous vivez présentement un changement que vous n'avez jamais souhaité (même dans vos pensées les plus secrètes). Tout cela vous est tombé dessus contre votre gré. Comment cela fonctionne-t-il ?

C'est tout à fait simple. Vous n'avez peut-être pas souhaité ce changement, mais quelque part en vous, vous saviez qu'il était possible et qu'il se produirait vraisemblablement. Et l'intuition n'est pas négligeable. C'était « un grand connaître » en votre cœur.

C'est votre *connaître* qui engendre l'énergie la plus puissante, pas votre désir. À dire vrai, le connaître triomphe invariablement du souhait, car il recèle une puissance énorme. Le souhait est une mauviette, il est chétif. « Connaître avec certitude » est le type de foi qui déplace les montagnes. Quelqu'un a dit : « Ce que vous savez, c'est ce qui est. »

Vous souhaitez peut-être remporter un million de dollars au loto, mais si vous êtes conscient que vos chances sont minces, alors elles le sont. Vous rêvez d'un rendez-vous doux avec l'élève le plus convoité de la classe, mais si vous savez que vos chances sont minces, alors elles le sont. Vous préféreriez apprécier les bouleversements énormes que vous subissez, mais si vous avez conscience que vos chances sont faibles que cela soit le cas, alors elles le sont.

Ah oui ! « Si seulement le souhait pouvait concrétiser… »

Tout de même, souhaiter est un excellent point de départ. Jiminy Cricket [personnage de fiction dans le dessin animé *Pinocchio*] avait raison à ce sujet. Cependant, au bout du compte, il faudra transmuer ce désir en la certitude qu'il va se réaliser. Vous devez savoir qu'il se matérialisera.

Mais que penser alors si, pour finir, il ne se réalise pas ? Il faudra alors vous rappeler que vous créez systématiquement sur trois plans de création : le subconscient, le conscient et le supraconscient. C'est sur ce dernier plan que vous vous alliez aux autres âmes pour une collaboration d'envergure cosmique donnant lieu aux conditions idéales qui permettront aux âmes concernées d'évoluer vers le stade subséquent.

La réalité que vous aurez donc produite, le changement que vous vivez à l'instant même, n'est pas quelque chose que vous fabriquez seul. Le fait est que vous aurez créé cette réalité en collaboration avec d'autres. Les acteurs au théâtre de votre destinée y ont collaboré. Vous avez engendré ensemble le résultat, pour des motifs que votre équipe connaît parfaitement et d'une manière qui servira vos fins collectives à tous.

Autrement dit, tout survient pour le mieux.

Et maintenant que vous savez que tout est en vérité une amélioration, alors ce qui vous arrive ne vous pose plus problème. Paradoxalement, lorsque tout ce qui vous arrive ne vous pose aucun problème, vous dégagez un champ énergétique de sérénité et d'harmonie avec l'univers, tant et si bien que la loi universelle d'attraction attirera vers vous encore plus de sérénité et d'harmonie.

Votre âme sait que le processus de cocréation n'interfère jamais avec la volonté individuelle. Rien ne peut survenir à l'encontre de votre volition intérieure. Pas même votre mort. Surtout pas votre mort! (Pour une analyse exhaustive et inspirante de cette révélation en particulier, consultez mon livre *Home with God in a Life That Never Ends.*)

Étant donné celui/celle que vous êtes et ce que vous êtes (l'individuation de la divinité), il est impossible qu'un événement contrevienne à votre désir suprême. Les enchevêtrements de la destinée sont invariablement en harmonie les uns avec les autres. Par conséquent, vous avez forcément, quelque part, acquiescé à tout événement passé ou présent. Si quelque chose vous arrive, cela vous arrivera par vous.

Voilà pourquoi l'âme n'est jamais malheureuse. Pourquoi le seraitelle alors qu'elle obtient toujours ce qu'elle veut?

Pourquoi elle veut ce qu'elle obtient est une autre question. La réponse : il y a toujours une raison qui sous-tend le désir d'évoluer de l'âme. Parfois, l'âme évolue le plus rapidement en renonçant à ce que le mental veut, au profit de ce dont a besoin quelqu'un d'autre ou de ce qu'exige la situation. Le mental n'est pas toujours d'accord, mais l'âme, si.

Ne vous accablez donc pas de reproches. Ne croyez pas avoir tort, ne vous punissez pas, ne vous fustigez pas à cause des aboutissements négatifs — à votre sens — que vous aurez générés, consciemment ou inconsciemment. Si vous ne saisissez pas la raison plus vaste de ces issues, éprouvez plutôt de la compassion à votre égard, puis complimentez-vous pour votre capacité à les affronter de plein fouet, félicitez cet aspect magnifique en vous qui réussit à les surmonter et, enfin, célébrez cet aspect en vous qui voit, en dernière analyse, le bienfait que vous en avez tiré.

Vous saurez que votre idée sur la vie a changé lorsque vous tirerez la dernière conclusion en premier. Vous concevrez l'existence, et toutes ses nuances, comme une chance et non un obstacle, comme un bonheur et non un malheur, comme un cadeau et non des foutaises. Et votre attitude par rapport à la destinée se traduira dans le cours des événements.

Une fois que vous aurez changé d'idée sur la vie et sur sa raison d'être, vous serez sur le point de changer d'idée sur vous-même — de métamorphoser votre identité propre.

Cela suffira pour tout changer. C'est peut-être quelque chose à quoi vous aimeriez *réfléchir un peu.*

Quand vous serez prêt seulement, poursuivez la lecture du chapitre avec…

RENTRER À LA MAISON

William Shakespeare avait parfaitement raison en disant : « Il y a plus de choses dans le ciel et sur la terre, Horatio, que n'en rêve votre philosophie. »

Le dernier changement sur la liste des neuf changements pourrait être le premier. Si la race humaine tout entière passait collectivement à cette nouvelle manière de penser, à cette nouvelle attitude vis-à-vis de la destinée, chaque minute de chaque jour dans l'existence de chaque personne sur terre serait transformée à jamais.

Je vous invite maintenant à effectuer ce dernier changement. Je vous invite au

CHANGEMENT NUMÉRO 9
Modifiez votre identité

Quand j'étais enfant, de l'âge de huit ou neuf ans jusqu'à mon départ de ma famille d'origine, mon père passait son temps à me poser la même question environ une fois toutes les deux semaines :

Pour qui te prends-tu donc?

Sa question émanait de sa frustration. Mais s'il croyait être frustré, il aurait dû vivre ma réalité! J'ignorais complètement qui j'étais ou ce que je faisais là, et je n'avais pas non plus la moindre notion de ce qu'était la vie ni de la raison pour laquelle elle se déroulait ainsi. Il m'était impossible de la comprendre, je n'étais pas d'accord avec elle et je ne voulais rien avoir à faire avec celle-ci. Pourtant, y mettre un terme ne représentait pas une option très séduisante.

(J'ai parfois songé qu'en effet la possibilité était peut-être attrayante. Je suis tellement heureux d'avoir traversé cette période sans succomber à la tentation de mettre fin à l'expérience la plus magnifique que puisse connaître une âme. Mon processus a, sans l'ombre d'un doute, été passablement houleux, un peu rocailleux, c'est certain, mais j'ai survécu. Merci, Dieu!)

J'ai conçu un jour l'espoir qu'il y avait quelque part une réponse à tout cela, une raison qui justifierait tout, une explication qui donnerait un sens à tout cela. Je me suis dit qu'il y avait simplement un élément que je ne saisissais pas et que lorsque je comprendrais, tout changerait.

Après mes conversations avec Dieu, j'ai su que je ne découvrirais jamais cet « élément » dans les données antérieures conservées par le mental. J'étais conscient qu'il me faudrait me connecter à une source plus vaste et communier régulièrement avec mon âme.

Je le faisais à ma façon. J'ai mentionné qu'il existe plus d'une forme de méditation. La technique décrite plus haut est une excellente forme, car elle permet de calmer le mental et de communier avec l'âme. Ce n'est toutefois pas la seule méthode ni forcément la meilleure pour tout le monde.

Plusieurs personnes éprouvent d'énormes difficultés avec le fait de méditer en silence. Elles ne captent pas l'art de la méditation. Longtemps, je fus moi-même ainsi. Comme je suis de tempérament impatient, je tolérais mal de rester assis à méditer en silence. Un beau jour, on m'a introduit à la marche méditative et mon opinion sur la méditation s'est transformée du tout au tout. Soudain, j'étais apte à m'y consacrer. Grâce à la marche méditative, ma conception de ce qu'était la méditation s'est effondrée ; s'y est substituée une représentation plus claire et concise du processus.

À mes yeux, la méditation avait toujours consisté à « vider son esprit de tout » pour laisser apparaître la vacuité et passer consciemment au « néant qui est le Tout » ou à quelque chose du genre.

Je croyais qu'il fallait vider son esprit, rester assis au même endroit, les yeux clos, en ne pensant à rien, ce qui me rendait dingue, car mon mental ne se tait jamais ! Au contraire, il génère un flot incessant de pensées. Je n'ai donc jamais très bien réussi à rester assis, jambes croisées, yeux clos, à me concentrer sur le néant. Contrarié, je méditais rarement et je jalousais ceux qui prétendaient méditer (même si, secrètement, je me demandais s'ils y arrivaient vraiment ou s'ils faisaient semblant et qu'ils n'y parvenaient pas mieux que moi).

Un maître enseignant m'a un jour signifié que mon idée sur la méditation était totalement fausse. En méditation, déclara-t-elle, il ne s'agit pas de vide, mais de concentration. Au lieu de tenter de rester assis tranquille et de ne songer à rien, elle me suggéra une marche méditative où je bougerais en m'arrêtant pour me focaliser sur les objets sur lesquels se poserait mon regard.

« Examine un brin d'herbe, me dit-elle. Contemple-le. Observe-le de près. Scrute-le intensément. Observe-le sous tous ses angles. À quoi ressemble-t-il ? Quelles sont ses caractéristiques ? Quelles impressions donne-t-il ? Comment est son parfum ? Quelles sont ses proportions par rapport à toi ? Regarde-le de près. Que te révèle-t-il sur la vie ? »

Puis elle a poursuivi : « Vis l'herbe dans sa plénitude. Retire tes chaussettes et tes chaussures et marche nu-pieds sur l'herbe. Ne pense qu'à tes pieds. Centre ton attention sur la plante de tes pieds, ressens précisément et intensément les sensations à cet endroit. Somme ton mental de ne ressentir rien d'autre pendant cet instant seulement. Ne tiens compte que des données entrantes perçues de la plante de tes pieds. Ferme les yeux, si c'est utile.

« Marche lentement et délibérément, laisse chaque pas lent et doux te raconter l'herbe. Puis ouvre les yeux et regarde l'herbe autour de toi. Ne tiens compte que des données entrantes sur la perception de l'herbe venant de tes yeux et de tes pieds.

« Maintenant, concentre-toi sur l'odorat et vois si tu peux sentir l'herbe. Ne tiens compte que des données entrantes perçues par ton nez, tes yeux et tes pieds. Vois si tu peux focaliser ton attention ainsi. Si c'est possible, tu feras l'expérience de l'herbe comme jamais auparavant. Tu en sauras plus que jamais sur l'herbe, à un niveau plus profond. Tu ne la connaîtras plus jamais de la même manière. Tu réaliseras que tu n'as jamais perçu l'herbe de toute ta vie. »

Puis mon maître me dit de faire de même avec une fleur. « Contemple-la. Observe-la de près. Scrute-la intensément. Observe-la sous tous ses angles. À quoi ressemble-t-elle ? Quelles sont ses caractéristiques ? Quelles impressions donne-t-elle ? Comment est son parfum ?

Quelles sont ses proportions par rapport à toi ? Regarde-la de près. Que te révèle-t-elle sur la vie ?

« Vis la fleur dans sa plénitude. Porte-la à ton nez et sens-la une fois de plus. Ne pense qu'à ton nez. Focalise ton attention sur celui-ci et scrute intensément les perceptions que te transmet cette faculté. Somme ton esprit de ne percevoir rien d'autre, juste pour un instant. Ne tiens aucun compte de données entrantes autres que celles provenant de ton nez. Ferme les yeux, si c'est utile.

« Focalise-toi maintenant sur le toucher ; palpe la fleur doucement. Touche-la tout en la humant. Ne tiens aucun compte des données entrantes autres que celles que la fleur transmet à tes doigts et à ton nez. Maintenant, ouvre les yeux et observe cette fleur de près. Vois si tu peux la sentir même si elle est assez loin pour que tu l'aperçoives et la touches. Vois si tu peux focaliser ton attention ainsi. Si tu y parviens, tu connaîtras la fleur comme jamais auparavant. Tu en sauras plus sur celle-ci que jamais auparavant, à un niveau plus profond. Tu ne la vivras plus jamais de la même manière. Tu comprendras que tu n'as jamais tenu compte des fleurs ta vie durant. »

Puis mon maître me pria de faire de même avec un arbre. « Approche-toi de l'arbre et examine-le.

Contemple-le. Observe-le de près. Scrute-le intensément. Observe-le sous tous ses angles. À quoi ressemble-t-il ? Quelles sont ses caractéristiques ? Quelles impressions donne-t-il ? Comment est son parfum ? Quelles sont ses proportions par rapport à toi ? Regarde-le de près. Que te révèle-t-il sur la vie ? »

Et elle a poursuivi : « Fais l'expérience de l'arbre dans sa plénitude. Pose les mains sur lui et ressens-le totalement. Ne pense à rien d'autre qu'à tes mains. Centre ton attention sur celles-ci et scrute intensément et avec précision l'expérience qu'elles te transmettent. Somme ton mental de n'éprouver rien d'autre, juste pendant cet instant. Ne tiens compte que des données entrantes transmises par tes mains. Ferme les yeux, si c'est utile.

« Focalise-toi maintenant sur l'odorat ; sens l'arbre. Maintiens le toucher tout en le sentant. Ne tiens compte que des données entrantes transmises par tes doigts et ton nez au sujet de l'arbre. Maintenant, ouvre les yeux et scrute cet arbre de près. Contemple ses hauteurs et vois si tu peux le gravir en conscience jusqu'à son sommet. Vois si tu sens toujours l'arbre. Maintiens le contact tactile. Vois si tu peux focaliser ton attention ainsi. Si tu y parviens, tu connaîtras l'arbre comme tu ne l'as jamais connu auparavant. Tu en sauras plus à son sujet que tu n'en avais jamais su, sur un plan profond. Tu ne le vivras plus jamais de la même manière. Tu comprendras que tu n'avais jamais tenu compte des arbres ta vie durant.

« Maintenant, éloigne-toi encore de l'arbre ; coupe tout contact physique avec lui. Ramène ton mental à l'expérience de l'arbre en te tenant plus loin et en l'observant de plus loin. Fais-en complètement l'expérience.

« Ne sois pas surpris si tu peux sentir l'arbre même de loin. Ne t'étonne pas de pouvoir même, en un sens, ressentir l'arbre de là où tu es. Tu t'es ouvert à sa vibration. Tu captes sa vibration. Vois jusqu'à quelle distance tu peux t'éloigner tout en gardant le contact. Quand tu perdras la perception de l'arbre, rapproche-toi, reviens vers lui. Vois si tu peux retrouver ce contact. »

« Ces exercices, poursuivit-elle, te permettront de développer ton aptitude à focaliser ton attention sur l'expérience que tu cherches, et à un degré supérieur. »

« Maintenant, marche. Marche partout où tu vis. Dans la campagne, dans la ville, peu importe. Marche lentement, mais délibérément. Et regarde autour de toi. Laisse tes yeux se poser un peu partout à leur guise. S'ils rencontrent un objet, porte pleinement ton attention sur celui-ci. Il peut s'agir de n'importe quoi. Un camion d'éboueurs, un panneau d'arrêt, une fissure dans le trottoir, un caillou sur la route. Observe-le étroitement de là où tu te trouves. Regarde-le intensément. Observes-en chaque aspect.

« Contemple-le. Observe-le de près. Scrute-le intensément. Observe-le sous tous ses angles. À quoi ressemble-t-il ? Quelles sont ses caractéristiques ? Quelles impressions donne-t-il ? Comment est son parfum ? Quelles sont ses proportions par rapport à toi ? Regarde-le de près. Que te révèle-t-il sur la vie ?

« Continue de marcher. Choisis trois objets à observer le long de ton parcours. Cette balade devrait prendre au moins trente minutes. Impossible de scruter pleinement trois objets plus vite, du moins pas au début. Par la suite, tu seras en mesure de contempler pleinement un objet en une nanoseconde. Pour l'instant, tu t'y exerces.

« Voilà la marche méditative ; ce faisant, tu entraînes ton mental à cesser d'omettre tout ce que tu perçois. Tu l'entraînes à se focaliser sur un aspect particulier de ton expérience, afin de le vivre à fond.

« Exerce-toi à cette marche méditative pendant trois semaines, m'enjoignit-elle, et tu ne feras plus jamais l'expérience de la vie de la même manière. Puis, passe à l'étape finale de la marche méditative. Marche dehors — ou à l'intérieur, peu importe. Tu peux marcher n'importe où. De la chambre à coucher à la cuisine, c'est parfait. Il y a tant de choses à voir, à toucher, à goûter. Tu peux passer trois heures uniquement sur une moquette ; et cette fois, souligna-t-elle, ne choisis aucune partie spécifique de ce que tu vois ou de ce que tu rencontres. Tente de l'englober dans son ensemble. Cherche à tout assimiler. Essaie de te focaliser sur tout simultanément.

« Assimile l'ensemble du tableau. Ferme d'abord les yeux, si c'est utile. Sens ce que tu sens, entends ce que tu entends, ressens ce que tu ressens dans l'espace autour de toi. Puis ouvre les yeux et ajoutes-y la vue. Vois tout ce que tu vois, et rien en particulier. Vois tout dans son ensemble. Sens tout dans son ensemble. Ressens tout dans son ensemble. Si l'expérience te dépasse, refocalise-toi sur une partie de celle-ci pour éviter de perdre ton équilibre psychique.

« En t'exerçant suffisamment, tu seras bientôt capable de marcher dans n'importe quel espace et d'en faire l'expérience intégrale. Tu réaliseras que tu marches sur le chemin du retour. Tu auras élevé ta perception. Tu auras élevé ta conscience. Tu auras déployé ta capacité d'être pleinement présent.

« Maintenant, fais-le les yeux clos, en restant assis. Médite en silence. Voilà. C'est aussi simple que cela. »

Sur ce, le maître me sourit. « Par la suite, essaie d'appliquer cela en faisant l'amour, dit-elle. Une fois que tu auras goûté l'amour ainsi, tu ne voudras plus jamais le vivre autrement. Tu réaliseras que, de toute ta vie, tu avais omis ce qui se passe vraiment. »

Et elle rigola.

Cette fois, je vais vous expliquer en quoi consiste la pause méditative.

Je vous incite à faire une petite marche.

Et lorsque vous serez prêt seulement, poursuivez avec…

LA PAUSE MÉDITATIVE

Il existe plusieurs techniques de méditation ; ce fut une merveilleuse découverte. L'une des formes les plus puissantes pour moi est ce que j'ai baptisé la pause méditative. Elle est puissante parce qu'elle peut se pratiquer n'importe où et qu'elle nécessite très peu de temps. Elle convient donc parfaitement aux gens qui sont débordés.

Faire une pause méditative, c'est tout simplement interrompre votre activité pendant un petit moment pour prêter attention à ce que vous faites. Au cours de ce bref instant, vous disséquez et observez de près l'un des éléments de votre activité.

Cette technique diffère légèrement de la marche méditative, car elle ne prend pas trente minutes ou plus. La marche contemplative exige de faire une balade dans l'intention de se focaliser délibérément sur une expérience précise. La pause méditative n'exige pas autant de temps, mais elle permet d'atteindre la même chose : la concentration.

La pause méditative servira au cœur d'une journée tourbillon. Alliée à la méditation assise et à la marche méditative, elle représente un puissant trio d'outils qui changeront radicalement votre réalité et élèveront votre conscience très rapidement. Même si c'est la seule forme de méditation que vous employez, elle est apte à vous métamorphoser.

Voici comment vous y adonner : décidez que six fois aujourd'hui (et chaque jour), vous interromprez ce que vous êtes en train de faire pendant dix secondes pour observer de près et intensément l'un des éléments de votre activité.

Si vous faites la vaisselle, arrêtez-vous pendant dix secondes, au beau milieu, et scrutez l'un des éléments de votre activité. Par exemple, observez l'eau qui gicle sur les plats. Voyez si vous pouvez compter les gouttes sur l'assiette que vous tenez à la main. Contentez-vous de les dénombrer. Je sais que la tâche est impossible, mais entreprenez-la quand même pendant seulement dix secondes.

Réfléchissez aux merveilles de l'eau. Sondez-la à fond. Scrutez-en l'intérieur. Pénétrez-la par la conscience. Constatez votre expérience, voyez ce que vous découvrez. Faites une petite pause et appréciez l'instant dans son unicité.

Une fois les dix secondes écoulées, retirez-vous de cette réalité hautement focalisée et revenez à l'espace contextuel de votre expérience.

Ne vous y égarez pas. Clignez des yeux rapidement ou claquez les doigts et extirpez-vous de l'instant. Puis observez votre expérience pendant ce court instant.

Continuez maintenant ce que vous faisiez. Ne vous étonnez pas si l'activité prend une nuance tout autre.

Vous venez d'être conscient à fond de quelque chose, c'est-à-dire de l'amplifier, de l'intensifier — comme une propriété dont la valeur augmente. La pause méditative accroît la valeur de votre existence. Et de la vie même. D'après mon expérience, elle me ramène invariablement à un espace serein.

Pour vous rappeler de vous y livrer six fois par jour, vous pouvez garder un réveil avec vous ou régler votre montre. Subséquemment, lorsque vous vous y serez habitué, votre pause viendra automatiquement. Vous vous y livrerez sans avoir besoin de rappel.

En marchant dans la rue, vous vous arrêterez juste un moment, vous choisirez un objet dans votre champ visuel pour l'apercevoir plus précisément, à fond. Vous saurez ce que vous savez déjà à ce sujet, mais plus profondément. Cela signifie «connaître à nouveau» ou re-connaître. C'est la raison d'être de votre existence tout entière, à savoir connaître à nouveau, reconnaître, la vérité et qui vous êtes vraiment.

Il existe mille façons d'y parvenir. Vous apercevez votre reflet dans la vitrine d'une boutique. Vous voyez passer un autobus. Vous voyez un chien sur le trottoir ou un caillou sur le sol. Peu importe l'objet de votre focalisation de dix secondes. Faites une brève pause et appréciez l'instant d'une manière singulière.

Générez l'expérience en faisant l'amour. Interrompez ce que vous faites pendant dix secondes, disséquez l'instant en ses composants, choisissez-en un et scrutez-le à fond. Ce sera peut-être le regard de votre bien-aimé, une sensation éprouvée ou produite. Faites une pause minuscule pour apprécier l'instant d'une manière singulière.

Je m'adonne à cela dans des activités précises, et faire l'amour est l'une d'elles. Prendre ma douche en est une autre, de même que les repas. Piquez un petit pois dans votre assiette ou un grain de maïs. Observez-le. Appréciez-le. Savourez-le entièrement et à fond. Vos repas ne seront plus jamais pareils. Vos douches seront transformées à jamais. Vos amours ne seront plus jamais les mêmes. Vous serez transformé à jamais.

C'est la pause méditative. Elle exige une minute par jour. Soixante secondes réparties en six tranches de dix secondes. Six moments pendant lesquels vous serez peut-être en mesure de générer l'Expérience sacrée.

Aujourd'hui, interrompez ce que vous faites. Sondez l'instant à fond. Tout au moins, contentez-vous de fermer les yeux et de vous focaliser sur le son de votre souffle. Goûtez l'énergie pure de la vie qui circule dans votre corps et à travers celui-ci. Pendant un petit moment, écoutez votre respiration. Observez-vous en train de respirer plus lentement. Le simple fait de s'écouter incite à s'immerger plus à fond dans l'expérience, et la respiration s'allonge alors. C'est merveilleux, extraordinaire. Le fait d'interrompre au départ ce que vous faites vous incite à aller plus profondément, plus loin dans votre expérience, plus loin dans l'esprit de Dieu.

Voici un programme de méditation particulier que j'ai recommandé à plusieurs :

1. Marche méditative le matin
2. Pause méditative six fois par jour
3. Méditation assise le soir

Toutes ces formes de méditation ont pour but de favoriser la concentration, de focaliser votre attention sur votre expérience. Pourquoi vous concentrer ? Parce que cela vous permet d'être ici et maintenant. Vous centrer sur le présent vous extirpe d'hier et de demain. Vous n'existez pas au sein de ces illusions. Votre unique réalité est cet instant, ici même, dès maintenant.

C'est au cœur de cette perception lucide que repose la paix. Et l'amour. Car la paix et l'amour ne font qu'un, et en pénétrant l'Expérience sacrée, vous devenez un et le même.

Mettez en pratique la pause contemplative dès maintenant. C'est tout simple et cela n'exige que dix secondes. Dès maintenant…

Interrompez-vous tout simplement et, après dix secondes, poursuivez avec…

QUI ÊTES-VOUS ?

Un autre maître merveilleux m'a enseigné la *méditation qui?* Elle consiste en ceci : chaque fois que vous éprouvez une émotion indésirable, contentez-vous simplement de vous demander « Qui ? ». « Qui donc est ici maintenant ? Qui vit cette expérience ? »

Si vous êtes seul, vous pouvez même en faire une petite psalmodie passablement puissante. Prenez simplement une grande respiration et, en expirant, psalmodiez doucement, mais avec force : « Quiiii ? » Tenez la voyelle jusqu'au bout de votre souffle. Puis inspirez et répétez trois fois. Ainsi, vous aurez diminué votre vibration et la partie invisible en vous pourra enfin se manifester.

Si vous êtes en compagnie de quelqu'un ou dans un endroit public, répétez cette petite psalmodie dans votre tête ou posez-vous la question formulée ci-dessus :

« Qui fait cette expérience ? »

Libre à vous, bien sûr, de vous identifier à n'importe lequel des « vous » peuplant votre univers intérieur. Il y a le petit vous et le grand vous, le vous blessé et le vous guéri, le vous terrifié et le vous courageux, le vous impuissant ou puissant, le vous inquiet ou confiant. Puisque nous avons eu cette conversation, j'espère que la *méditation qui?* vous conduira à la conscience de votre moi plus vaste, du moi véritable.

Vous n'êtes pas un être humain. Vous n'êtes pas cet individu nommé Jean Tremblay ou Marie Dupont. Vous n'êtes pas votre corps ni votre mental, et vous n'êtes pas votre âme. Ce sont là vos trois composantes, mais le Vous qui les possède — celui qui vous les a accordées — est beaucoup plus vaste que l'une ou l'autre de celles-ci, voire que leur somme.

Le Vous que vous êtes est Dieu, sous une forme singulière. Vous êtes la déité individuée. Vous êtes un aspect de la divinité. Il en va de même pour chacun et pour tout le reste.

La sphère d'existence où vous vivez, respirez et où réside votre être est le paradis. Le royaume de Dieu n'est pas un éden où vous tentez de retourner, mais un espace que vous habitez actuellement. C'est le lieu où vous serez toujours et de toutes les manières.

Ce royaume comporte trois domaines : celui de la connaissance, celui de l'expérience et celui de l'être. Votre conscience actuelle se focalise sur le domaine de l'expérience, connu aussi comme sphère physique ou sphère du relatif, bien que vous soyez en possession de tous les outils dont vous puissiez jamais avoir besoin pour employer ce domaine en vue de vivre ce dont vous êtes venu faire l'expérience, c'est-à-dire être celui/celle que vous êtes vraiment.

Non seulement pouvez-vous en faire l'expérience, mais vous pouvez recréer celle-ci tout en poursuivant votre chemin et en faire la version la plus grandiose que vous ayez jamais envisagée à ce sujet. Voilà le miracle de la vie et votre gloire.

C'est, je le sais, un changement dans votre conception de vous-même. C'est un changement qui changera tout.

Stabilisez-le, ne vous contentez pas d'une idée passagère. Rendez-le permanent maintenant, car, je vous le répète,

ce changement changera tout.

«Va jouer dehors!» lança Dieu.

«Je t'ai donné des univers comme champs où gambader!»

Et ici — prenez-le et enveloppez-vous dedans —

on dit : L'AMOUR

et il vous gardera toujours, toujours au chaud.

Et les étoiles! Le soleil, la lune, les étoiles!

Contemplez-les souvent, car ils évoquent votre propre lumière!

Et les yeux...

Oh, plongez votre regard dans celui de chaque amant.

Plongez votre regard dans celui de tous les autres,

car ils vous ont offert des univers

comme champs où gambader.

Voilà.

Je vous ai offert tout ce qu'il vous fallait.

Maintenant, allez jouer dehors!

– «Go Outside and Play» © 2007 Em Claire

RESSOURCES ET CONNEXIONS

Plusieurs personnes m'ont demandé comment effectuer les changements que j'ai suggérés. Elles ont entendu le message, mais elles ignorent comment procéder par la suite. Je leur offre invariablement la même réponse. Si vous voulez vraiment appliquer ces changements à votre pensée, à vos idées sur la vie, à votre identité même, aidez quelqu'un d'autre à y parvenir.

Ce que vous donnez à l'autre, vous vous l'offrez à vous-même. Vous avez terminé la lecture de ce livre et, du coup, vous pouvez être secourable à plusieurs personnes. Obtenez d'abord de l'aide, puis offrez-la en vous joignant à d'autres gens qui, de partout dans le monde, participent à une communauté en ligne et à quiconque visite la communauté en changeant d'attitude par rapport au changement.

J'en ai parlé à maintes reprises dans ce livre et je le réitère ici : il s'agit du réseau « Changer le changement » que vous trouverez à l'adresse Internet www.changingchange.net.

Vous trouverez là de nombreuses ressources pouvant servir merveilleusement en cette époque et pour longtemps, dont :

1. Une section Questions/Réponses où vous pouvez poser toute question qui s'est manifestée en vous en parcourant le texte et

obtenir ma réponse ou celle de l'un des accompagnateurs que j'ai sélectionnés personnellement et invités à travailler avec moi.

2. Une zone interactive et personnelle — un espace sur le site où il vous est possible d'avoir une expérience directe du texte de ce livre en répondant à des questions précises et en vous livrant à un travail conçu pour appliquer concrètement et puissamment l'information contenue dans ces pages à votre vie, et où vous pouvez aussi tenir un journal sur votre expérience et obtenir les réactions d'autres membres du réseau à ce sujet.
3. Un forum « Changeons le changement », où vous pouvez échanger avec d'autres membres du réseau, partager des commentaires et des observations, et recevoir ou offrir des suggestions et un soutien au cours de périodes métamorphosant votre existence et celle des autres.
4. Mes clips audio et vidéo sur maints sujets liés aux livres de la série *Conversations avec Dieu*, d'où est issu ce texte.
5. Une section Ressources supplémentaires qui fait état des livres, des personnes et des organisations susceptibles d'apporter des secours considérables à ceux qui sont aux prises avec des bouleversements majeurs.
6. Un *coaching* de vie personnel avec moi ou d'autres accompagnateurs que vous pourrez choisir. Il vous sera possible de prendre rendez-vous, mais ce service n'est pas gratuit.
7. Des articles d'intérêt présentés régulièrement, ayant trait à un aspect de l'information présente.
8. Un programme sur les ateliers « Tout changer », et l'occasion d'y participer à un taux réduit pour les membres du réseau « Changer le changement ».
9. Un babillard communautaire où vous pouvez afficher vos propres activités ou celles d'autrui, ainsi que d'autres renseignements utiles, dont vos poèmes, vos écrits, etc.
10. Un centre de soutien pour les membres du réseau, où chacun peu requérir de l'information, de l'aide, des références d'ouvrages, de personnes ou d'organisations susceptibles de faciliter une transition de vie.
11. Une zone pour les questions fréquentes et des explications supplémentaires explorant en détail les matériaux du texte.

12. Une zone « Comment j'ai survécu au grand changement dans ma vie », qui comporte les histoires personnelles des membres.

J'espère sincèrement que vous ferez appel aux ressources mises à la disposition des membres du réseau « Changer le changement ». Il suffit d'accéder au site Internet et d'échanger avec nous !

J'offre également ces ressources supplémentaires :

www.EmClairePoet.com
Le site Internet de la poétesse dont les œuvres apparaissent dans cet ouvrage.

www.MaryOMalley.com
Un maître et guide exceptionnel dans l'odyssée de la vie.

www.NealeDonaldWalsch.com
Le site Internet personnel de l'auteur du présent ouvrage.

www.cwg.org
Le site Internet de la fondation Conversations avec Dieu.

www.Free2BU.com
Le site Internet du mouvement planétaire pour l'éducation basé sur les messages de *Conversations avec Dieu*.

Je terminerai donc par des sections que l'on retrouve normalement en début de livre la dédicace et les remerciements.

J'ai placé ces sections en fin de texte pour que vous puissiez passer directement à l'entretien que je souhaitais avoir avec vous, sans avoir à feuilleter une tonne d'éléments de préface. Ce choix ne reflète en rien la valeur que ces éléments ont pour moi. J'apprécie grandement tous les gens que j'ai remerciés ici, et ma dédicace est l'expression sincère d'un cœur reconnaissant.

REMERCIEMENTS

Il est important pour moi de reconnaître publiquement les contributions époustouflantes et puissantes qui m'ont été apportées par les auteurs d'œuvres et d'enseignements que j'ai étudiés, et dont j'ai l'honneur de connaître quelques-uns personnellement. Si on juge valables les idées énoncées ici, ce n'est absolument pas parce que je suis brillant, mais bien plutôt parce que j'ai été heureusement conduit vers des personnes douées d'une véritable sagesse, d'une perspicacité tranchante et d'une clarté exceptionnelle. Je m'appuie donc sur les épaules de géants.

Parmi ces gens, on retrouve
Alan Cohen,
le révérend Terry Cole-Whittaker,
Werner Erhard,
Lyman W. Griswold,
Jean Houston,
Barbara Marx Hubbard,
Jerry Jampolsky,
Byron Katie,
Ken Keyes fils,
le Dr Elisabeth Kübler-Ross,
Ilchi Lee,
Eckhart Tolle,
Dennis Weaver et Marianne Williamson.

Comme vous avez lu ce livre, les paroles et les idées de ces gens ont coulé vers vous, par mon entremise. Étant donné ce nombre de maîtres, il me serait impossible de préciser d'où me sont venus tel concept, telle idée ou telle inspiration. Je dois beaucoup à toutes ces personnes et j'éprouve une profonde gratitude à leur égard.

Je tiens aussi à remercier tout particulièrement Beth et Jerry Stark, mes beaux-parents, deux des êtres les plus formidables que j'ai le privilège de connaître. D'une bonté flagrante, doux, sensibles et traitant avec affection chaque personne dont ils touchent la vie, d'une patience généreuse, d'une très grande compréhension, d'une magnanimité et d'une acceptation sans fin, ces deux êtres merveilleux m'ont inspiré à devenir meilleur non pas en paroles, mais en démontrant que nous le pouvons tous. Ils ont élevé leur fille, ma femme, qui incarne ces qualités amplifiées, un témoignage vivant de qui ils sont.

Quelques exemples de livres d'éveil

Publié par Ariane Édition

Aspirer
Métamorphose de l'espace-temps
Au delà de la matrice
Le facteur Maya
2011, Devenir — éveiller le grand potentiel humain
2010, Transition
Les relations et le but supérieur
La chimie de la conscience
Le serpent de la lumière
CosMos
La guérison spontanée des croyances
La santé consciente
L'abondance véritable ?
La petite âme et le soleil
La petite âme et la terre
Révélation pour une ère nouvelle
Entraîner votre esprit, transformer votre cerveau
Le manuscrit de Marie Madeleine
Science et champ akashique I
Science et champ akashique II
Suivre la voie de la connaissance
Le rapport Campbell
Votre réalité immortelle
Éduquer ses enfants, s'éduquer soi-même
Le champ
La science de l'intention
L'union de l'âme et la sexualité
Médecine vibratoire
Les enfants du présent
La divine matrice

Achevé d'imprimer au Canada
sur papier Enviro 100% recyclé
sur les presses de Imprimerie Lebonfon Inc.